相手の結果を
100%引き出す

実践!
PEP TALK《ペップトーク》

日本ペップトーク普及協会
専務理事
浦上大輔
著
代表理事
岩﨑由純
監修

フォレスト出版

はじめに

2019年1月26日、プロテニスプレーヤー大坂なおみ選手は、前年の全米オープンに続き、全豪オープンでも優勝し、世界ランキング1位になりました。

2017年の年間ランキングが68位だった彼女を大躍進させたのは、2017年12月に就任したサーシャ・バインコーチです。とくにサーシャコーチの言葉がけが注目されています。


【試合前】

「ポジティブになれ。人生はこんなに楽しい。天気もいい。さあ集中しろ。君ならできる。君は間違っていない。君は素晴らしい」


【試合中】

「少しだけど、前向きになると約束したじゃないか……。大丈夫。君ならできる。君ならできるよ」

「僕にやるべきことはあるかな？　世界1位から1セットを取ったんだよ。まず足を動かすんだ。角度をつけようとしすぎないで、真ん中に打っていけばいい。1ポイント1ポイントやっていこう」

「僕はセリーナ（4大大会で通算23回優勝）のボールを8年間受けてきた。その僕が言うんだから間違いない。君と打ち合える女子選手は存在しない」


サーシャコーチの指導法の良さは、前向きな言葉で大坂なおみ選手のモチベーションを上げるところです。まさに彼はペップトーカーであり、ドリームサポーターです。こんなペップトーカーにどうやったらなれるか、あなたは知りたくありませんか？

その答えがこの本の中にあります。


ペップトーク（PEP TALK）とは、もともとスポーツ大国アメリカで、試合前のロッカールームで監督やコーチが選手を前向きな言葉で励まし、心に火をつけるために行っている激励のショートスピーチです。

ＰＥＰは英語で、「元気・活気・活力」という意味があります。この本の監修者でもある岩﨑由純氏がアメリカのスポーツ現場で学んだ「リーダーがメンバーに勇気を与える言葉がけ」を、自分、家族、仲間に伝える励ましの技術として確立しました。スポーツ現場はもちろん、家庭で、職場で、教育現場ですぐに実践できるシンプルでポジティブな言葉を使ったメソッドです。

そして、２０１２年４月に、私は岩﨑由純代表理事、占部正尚理事らと「一般財団法人日本ペップトーク普及協会」を立ち上げました。その中で、ペップトークのメソッドの研究開発を進め、ペップトークの基本パターンである【受容】→【承認】→【行動】→【激励】という相手がやる気になるトークモデルが生まれました。

さらにこのペップトークを普及するためにこれまで１００人以上の講師を育成してきました。現在では、毎日のように日本中のどこかでペップトークの講演やセミナーが行われています。

本当の目的は、この講師仲間とともにつくり上げたペップトークのマインドとスキルをわかりやすくお伝えし、あなたにペップトーカーになっていただくことです。

この本を手に取ったあなたは、リーダーとしてチームをまとめる立場かもしれません。指導者として選手に関わっているかもしれません。親として、教育者として子どもたちを応援しているかもしれません。

いずれにしても誰かの夢を一緒に叶《かな》えるドリームサポーターであると思います。ドリームサポーターが使う言葉がペップトークです。このペップトークを身につけるために、各章で次のことを解説していきます。

第1章　成果を出すためにどう言葉を使うのか？
第2章　あなたもペップトーカーになろう！
第3章　ペップトークの基本「ポジティ語」
第4章　たった5秒で自分を励ます「セルフペップトーク」
第5章　たった1分で相手のやる気に火をつける「ゴールペップトーク」
第6章　たった2分で聴衆の心をつかむ「ビジョンペップトーク」

【実践！ PEPTALKの全体図】

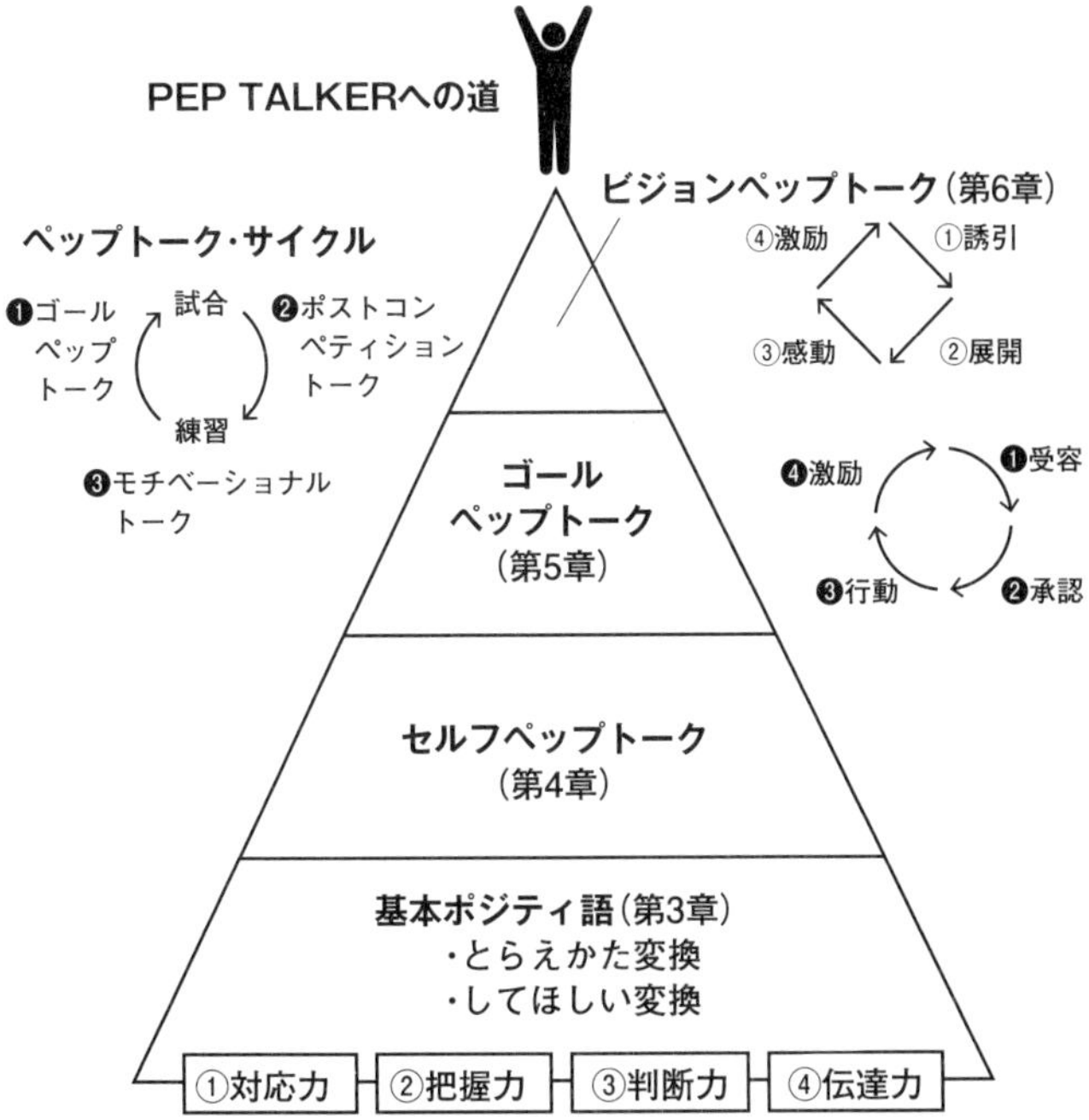

【ペップトークの基礎理論】（第2章）

❶人間関係 ラポール	❸イメージ 物質的創造力 サイコ＝サイバネティクス
❷伝達力 ストローク メラビアンの法則 オノマトペ	❹思い込み ピグマリオン効果 環境遺伝子ミーム パラダイムシフト

そんなドリームサポーターであるあなたは、リーダー、親、指導者、上司・先輩などさまざまな立場で相手を励ましていると思います。この本では、そうしたさまざまな立場の人にもわかりやすく話を進めるために「リーダー」と「メンバー」という言葉を使っていきます。リーダーであるあなたの言葉が変わると、メンバーが、そしてチームが生み出す結果が１００パーセント変わります。

まずは、あなたへのペップトークでこの本をスタートしましょう。

❶受容（事実の受け入れ）

あなたは、日々、頑張っている。

時には不安になったり、自信をなくしたり、落ち込むこともあるだろう。

❷承認（とらえかた変換）

でもそれは、より良い人生にしたい、家族や仲間に貢献したい。

もっと良いチームをつくりたいと思ってチャレンジしているからだ。

❸行動（してほしい変換）

今日この本を手に取ったのは運命だ。このチャンスをものにするんだ。

1ページ、1ページ、集中して読み進め、自分の言葉と向き合おう。
そして今日から言葉を変える勇気を持とう！

❹激励（背中のひと押し）
今日という日は、残りの人生の最初の日だ。
始めるのは今日からだ。あなたならできる！
さぁ、いこう！

日本ペップトーク普及協会　専務理事　浦上大輔

もくじ

実践! ペップトーク

第1章　成果を出すためにどう言葉を使うのか？

第2章　あなたもペップトーカーになろう！

第3章 ペップトークの基本「ポジティ語」

第4章　たった5秒で自分を励ます「セルフペップトーク」

第5章 たった1分で相手のやる気に火をつける「ゴールペップトーク」

第6章 たった2分で聴衆の心をつかむ「ビジョンペップトーク」

第1章

成果を出すためにどう言葉を使うのか？

実践事例

言葉が奇跡を生んだ少年野球クラブ

「さぁ、きたぞ、決勝戦。本気でやればできるということがわかったはずだ。
今日の相手も最高のチームだ。しかし、勝つのは旗の台クラブに決まっている。
みんなで新たな歴史をつくろう。それが今日だ。
さあ、始まるぞ。思いっきり野球を楽しんでこい。
チームの合言葉、いくぞ！（円陣を組んで）
最高！　最幸!!　さぁ〜いこう!!!」

こんな本番直前の激励の言葉で始まった決勝戦は、延長戦2点リードを許して迎えた最後の攻撃……。しかしこのチームが、まさか決勝戦まで勝ち上がるなんて、4カ月前には誰ひとり予想していませんでした……。

旗の台クラブは、東京・品川区にある創部50年の歴史ある少年野球クラブチーム。

小学３年生以下のチームを率いるのは大矢敦監督と、３年生のお父さんコーチたち。この少年野球クラブは、大矢監督のお父さんが立ち上げ、大矢監督自身も小学生の時にプレーしていた思い入れのあるクラブでした。

３年生以下の子どもたちは、関東の強豪１２４チームが出場する「荒川竹の子育成大会」を目指して練習していました。しかし練習試合では、子どもたち同士で「ちゃんと捕れよ！」「エラーすんじゃねーよ！」と責任を押しつけ合って喧嘩《けんか》をし、ミスをした選手にコーチが「何やってんだ！」と責め、監督自身もやる気を見せない子に対して「やる気ないなら帰れ！」と激怒して途中交代させたり……。

当然、試合では大量失点、勝つこともできずに、達成感が得られない試合が続いていました。そして、大矢監督は少年野球を指導する中、子どもたちが本当に野球を楽しめているのか疑問に感じていたのです。

「指導者が勝利にこだわっているだけで、勝利によって子どもたちが本当に楽しいと感じているのか？　子どもたちに野球を楽しんでもらうために指導者は何をするべきか？」

何とかしたいと思いながらも、何をどうしたらいいのかわからない状態でした。

そんな大矢監督との出会いは、２０１８年６月、地元小学校のＰＴＡで私が講師を務めたペップトーク講演でした。

旗の台クラブの状況を知った私は、このチームに関わってみたいと思ったのです。まずは７月に監督・コーチに集まってもらい、子どもや野球に対する思いを聞くことにしました。そこでは、「子どもたちに野球を楽しんでほしい」「うまくなって勝つ喜びを知ってほしい」「そして何よりも野球を好きになって長く続けてほしい」という思いが言葉からあふれていました。なかには、長男にネガティブな言葉をかけすぎて野球をやめてしまった、後悔していると語るお父さんもいたのです。

「思いはあるのに、うまく言葉が使えていない……」

そう感じた私は、「指導者が使っている言葉をペップトークに変えてみませんか？」と提案してみました。その後、監督・コーチがペップトークを学び、夏合宿の際、子どもたちへの具体的な言葉がけの方法について夜遅くまで話し合い、ペップトークを実践することに。

ミスした時も、以前だったら「何やってるんだ！　ミスするなよ！」「なんでそんなボール球を振るんだ！」「ボーッとするな！」と言っていたのを、「大丈夫、次はいけるぞ」「真ん中のベルト付近にきた球を思いっきり振ろう！」「集中していこう！」と明るい表情で励ますようにしたのです。

できて当たり前ではなく、子どもたちが日々成長している最中だという認識に、指導者が変わっていきました。野球をもっと好きになってほしい、楽しんでほしいという気持ちから、緊張する場面でも監督・コーチ・親が「楽しもう！」と声をかけるようになったのです。

その結果、彼らの言葉が１８０度変わりました。

【減った言葉】

「何やってんだ」

「ミスするなって」

「エラーするなよ」

「ボール球に手を出すなよ」
「ボケッとすんな」
「やる気がないなら抜けろ」

【増えた言葉】

「ドンマイ、次だ、次」
「しっかりボールを見て捕ろう」
「ワンバンで思いきり投げよう」
「ストライクを思いきり打とう」
「集中しよう」
「積極的なプレーＯＫ」
「打てるよ」
「いい球投げるね」
「野球を楽しもう」

それまでの子どもたちは失敗したくない、怒られたくないという気持ちから監督・コーチの顔色をうかがい指示を待っていたのですが、大矢監督は子どもたちに野球を楽しんでもらいたい、もっと伸び伸びとやってほしいという思いからノーサインで試合に臨むことにしました。

子どもたちの合言葉もつくりました。攻撃前の円陣では「最高！　最幸‼　さぁ～いこう!!!」と全員でかけ声を合わせ、各バッターが打席に入る前に「絶好調！」と言うように……。

最初は恥ずかしそうに小さい声で言っていた子どもたちもどんどん変わっていきました。練習や試合で喧嘩ばかりしていた子どもたちが、いつしか仲間のプレーを褒《ほ》め合い、ピンチや苦しい時は声をかけ合って困難も乗り越えるようになっていったのです。

大会が始まる前、大矢監督は新聞をつくって子どもたちに配りました。

タイトルは「旗の台クラブ初優勝！」。

トーナメント表を見ながら優勝までの道のりをイメージし、1回戦から決勝まで全7試合の試合展開、スコア、選手たちの活躍をすべて文字に起こし新聞にしたのです。

そこには子どもたち1人ひとりの成長、試合での活躍、チームへの貢献など、未来に起きてほしいことが激励の言葉で事細かに書かれていました。

自分が活躍する姿が書かれた新聞を見た子どもたちは目の色が変わりました。今まで「目標は？」と訊《き》かれても答えられなかった子どもたちが、その新聞に書かれている自分の姿をどんどん実現していったのです。

最初は半信半疑だった保護者も、次々に自分たちよりも実力的には強いチームに勝ち続けていく子どもたちの姿を見て、徐々に熱狂していきました。

準決勝を劇的な逆転で勝利したあと、私は大矢敦監督と2つの秘策を練りました。

1つは決勝戦での勝利をイメージし、やる気を引き出す映像をつくり、決勝戦前日に各家庭で見てもらいました。

そこには、ファンキーモンキーベイビーズの『あとひとつ』をBGMに、選手1人ひとりの成長した姿、チームへの貢献を承認する言葉がテロップで流れました。

いよいよ決戦の時がきた。
明日も勝つ、当然決まっている！
君たちは、われわれ指導者の想像をはるかに超えるくらい成長した。
そして最高のチームになり優勝した。
夢ではない。本当にあった最高の奇跡!!
奇跡ではない、君たちの実力だ!!
最高！　最幸!!　さぁ〜いこう!!!

＃11　球道
キャプテンとしてここまでチームを引っ張ってきた。大成長だ。緊迫した試合展開での気合の入った投球は見事だった。決勝戦も投打に大爆発!!　ナイスピッチング。おめでとう。

＃12　耕紀

すごいぞ耕紀。人ってこんなに短期間で成長するとは……正直驚いた。間違いなく今大会のNO．1キャッチャーだ。2塁・3塁の盗塁を刺したプレーはチームの流れを変える最高のプレーだった。決勝戦も最高のキャッチング!!　おめでとう。

＃13　宇汰

初戦の左中間へのホームランは素晴らしかった。守りもショートで安定したプレーだった。3回戦の緊迫した展開では緊張しながらも完璧なリリーフは見事だった。決勝戦もナイスバッティングだった!!　おめでとう。

＃14　歩空

初戦の守備は完璧だった。今大会は安定した守りだった。打撃では初球から思いきり振り、しっかりとミートすることができていた。決勝戦も最高のプレーをした!!　おめでとう。

#15 大和　#16 光輝　#17 友惺　#19 大雅　#20 令恩　#21 利樹
#22 洸惺　#36 陽斗　#38 陸斗　#23 容大　#24 要　#25 隆之介
#26 快星　#27 宙哉　#31 裕太　#32 航大　#33 大輝　#37 健太郎
#39 光一朗　#34 晴空　#35 友暉……。

25人の全選手へのメッセージとともに、支えてくれたコーチ、お母さんたちへの感謝の言葉も添えられていました。

コーチの皆様

1戦1戦成長していく姿が実感でき、ペップトークが子どもたちの成長につながりました。

われわれがやるべきことが今大会を通してはっきりしました。

子どもたちの可能性は無限です。自分たちでしっかりと目標を持たせ、その目標に向かって楽しく取り組んでもらうこと。
これに尽きると思います。継続していきましょう。
ありがとうございました。

お母さん

初戦から決勝戦まで7試合、大声援ありがとうございました。
本当に決勝までくると思ってましたか?
強く思い込めばたどり着けるということがわかりました。
ここまで子どもたちが野球を楽しくやってくれたら親としても大満足!
お弁当づくりの甲斐もありますね。
優勝の瞬間、抱き合って号泣!!

浦上大輔コーチ

われわれにペップトークをご指導いただき、指導者全員が最高のペップトーカーになりました。今後も子どもたちの成長のために最高の声がけをします。

試合にも応援に駆けつけてくれた勝利の男神!!

本当にありがとうございました。


そして、旗の台クラブの躍進はまだまだ続きます。

この竹の子大会の優勝を経験した君たちは、きっとこれからも野球を楽しみ成長し続けるでしょう。


３年後、２０２１年８月。

６年生になった君たちは少年野球の最高の舞台「高円宮賜杯第41回全日本学童軟式野球大会」に東京代表として出場します。

袖に「東京」の文字が入ったユニフォームを着た君たちは、体も大きくなり凛々《りり》しい表情をしています。

そして、いつものようにみんなでこう叫ぶんだ。

最高！　最幸!!　さぁ〜いこう!!!

子どもたちは、このビデオを何度も何度も見て自分の活躍をイメージしました。

そして、BGMの『あとひとつ』は、いつの間にかチームのテーマソングになったのです。

大矢監督との2つ目の秘策、それは決勝戦直前のペップトークでした。監督が考え抜いて、自らの言葉で、ペップトークの組み立て方である4つのステップに沿ってつくりました（ペップトークの組み立て方「受容→承認→行動→激励」については第5章で詳しく解説していきます）。

❶受容（事実の受け入れ）

さぁきたぞ。竹の子大会決勝戦。

本気でやればできるということがわかったはずだ。

今日の相手も最高のチームだ。

❷承認（とらえかた変換）
しかし、勝つのは旗の台クラブに決まっている。
今日もみんな絶好調だ。
今年、旗の台クラブは創部50周年。
みんなで新たな歴史をつくろう。それが今日だ。

❸行動（してほしい変換）
優勝の瞬間心の底からこう叫ぶんだ。
「サイコー！」って。
さぁ、始まるぞ。
思いっきり野球を楽しんでこい。

❹激励（背中のひと押し）
チームの合言葉、いくぞ！
最高！　最幸!!　さぁ〜いこう!!!

私は大矢監督にペップトークをする時の最後のアドバイスをしました

「ペップトークをシナリオ通り正しく言うのではなく、子どもたちの顔を見て、その場で出てきた言葉に想いを乗せて、本気で伝えましょう！」と。

そして、迎えた決勝戦。

試合直前に、大矢監督は湧き上がる想いを言葉に変えて、最高のペップトークをしました。最初リラックスしていた子どもたちの表情も、グッと引きしまっていました。心に火がついた瞬間です。最高の準備をしたからこそできる、魂が震えるペップトーク……。

最後みんなで円陣を組んで「最高！　最幸!!　さぁ〜いこう!!!」という、いつものかけ声で締めくくられました。テーマソング『あとひとつ』とともに……。

試合は、現役プロ野球選手の息子さんがピッチャーという強豪相手に、逆転、再逆転のシーソーゲーム。最終回、3対2と1点をリードされて下位打線からという苦しい展開。しかし、粘《ねば》り強い攻撃で同点に追いつき延長戦にもつれ込みます。

延長戦はノーアウト満塁から始まる特別ルール。かなりのプレッシャーが子どもたちにかかっていました。いきなり、フォアボールとエラーで２点を取られる苦しい展開。なおもノーアウト満塁の大ピンチ。以前の子どもたちだったら、ここで大崩れする場面です。

ここで監督はタイムを取りピッチャーズマウンドへ。子どもたちを集め、「大丈夫だ。この２点で抑えれば裏の攻撃で絶対に逆転できる。しっかり守って攻撃につなげよう。さぁいこう！」と言って励ましました。その言葉に落ち着きを取り戻した子どもたちは、後続を打ち取って勢いよくベンチに戻って来たのです。

２点リードを許した裏の攻撃。いつものようにベンチ前で円陣を組んで「最高！最幸!!　さぁ～いこう!!!」。なぜかまったく負けている雰囲気はありません。ノーアウト満塁から気迫の内野安打で同点に追いつきます。ホームインした２人は大きくガッツポーズ。なおも、ノーアウト２、３塁。１打サヨナラのチャンス。

緊張するバッターに、監督、コーチ、選手、親が一体となってペップトークで声援を送ります。

「野球を楽しもう！」

「いける！」「いける！」

「打てる！」「打てる！」「絶対打てるぞ！」


応援の言葉がエネルギーとなってバッターの背中を押します。

そして最後は、気持ちで持っていった内野安打の間に3塁ランナーがホームイン！

劇的なサヨナラ勝ちで優勝を決めたのです。

両チームとも力を出しきったナイスゲーム。どちらのチームが勝ってもおかしくない本当に素晴らしい試合でした。


優勝監督インタビューで、大矢監督はスポンサーのスポーツメーカーの方から「コーチ、保護者の声かけが本当に素晴らしかった。こういう声かけをするチームが優勝するんですね。言葉がけについて勉強されてるんですか？」と質問されると、満面の笑みで、自信を持ってこう答えました。

「われわれが取り組んでいるのは、ペップトークです！」

4カ月前、誰がこのチームの優勝を想像できたでしょうか？

リーダーである監督が言葉がけを変える決断をし、コーチたちがそれを一緒に実行し、選手たちに伝わり、お母さんたちも巻き込み奇跡が起きました。しかし、これは奇跡ではなく、子どもたちが持てる力を十分に発揮した結果なのです。

そして、さらにうれしい出来事が……。

ネガティブな言葉がけで野球をやめてしまったお兄ちゃん。弟が楽しそうに野球をしている姿を見て「もう一度野球をやりたい！」と言って、中学校の野球部に2学期から入部したのです。以前、後悔していると語ってくれたお父さんがホッとした表情で、本当にうれしそうに語ってくれたのが印象的でした。

大矢監督は、この激動の4カ月を振り返って、こんなことを語ってくれました。

まさに奇跡を起こした旗の台クラブ

「野球の指導の中ではネガティブな言葉がまだまだ多く使われていて、厳しい言葉を使わない指導は甘いと言われたり、楽しいだけではダメなんだという意見もあります。

たしかに、自分自身もネガティブな言葉の環境で指導されてきたので本当に大丈夫かという不安はありました。しかし、コーチ全員がペップトークの重要性を理解し、変わる勇気を持って、やってみようと背中を押してくれたのが本当にうれしかった。言葉がけを変えたことで、子どもたちが野球がますます楽しくなったと言ってくれたことと、チームワークも良くなったことをうれしく感じています。

そして、この経験を通して子どもたちの力を信じるようになりました。劣勢の場面でも、大丈夫、なんとかなる。きっとやってくれる。そんな前向きな気持ちで子どもたちを観ることができています。

以前であれば、勝負にこだわり、自分の思い描いていないプレーに対して感情的にネガティブな言葉を発していましたが、今はまったくそんな感情が湧いてこなくなりました。子どもたちの無限の可能性というものを実感できた4カ月間でした」

どうすれば人のやる気に火がつくのか？

私たちは内から湧き出るやる気に火をつける方法、つまり励まし方を習っていません。ただあるのは自分が励ましてもらった経験です。その経験をもとに目の前の人を励ましています。

そもそも私たちは、どうやって言葉を身につけたのでしょうか？

アメリカで育てば英語、日本で育てば日本語というように、日ごろ周りの人が使っている同じ言葉を聞いて身につけていきます。同じ日本でも関西の人なら関西弁、北海道の人なら北海道弁を話します。

たとえば、東京で育った私は、手袋は「はめる」とか「つける」と言います。しかし、大学を北海道で過ごして衝撃を受けたのが、北海道の人は手袋を「はく」と言っていたことです。「はく」のは靴下でしょ、とツッコミたくなりましたが、北海道ではそれが当たり前なのです。

つまり、育った環境で使う言葉が変わってくるのです。

これは家庭・学校・職場・スポーツ現場でも同じことが言えます。

ポジティブな言葉を使う人が周りに多ければ、ポジティブな言葉が飛び交う。
ネガティブな言葉を使う人が周りに多ければ、ネガティブな言葉が飛び交う。

私たちは相手を励まし、勇気づけ、やる気を引き出すポジティブな言葉を**「ペップトーク」**、相手のやる気を削《そ》ぐネガティブな言葉を、ペップの反対ということで**「プッペトーク」**と呼んでいます（47ページ参照）。

相手のやる気を削ぐと書きましたが、もちろん最初からやる気をなくそうと思って言っているわけではなく、思いがあるからこそ、なんとか変えたいと厳しい言葉をかける時、ネガティブな表現になってしまうことがあるということです。

たとえば、何度も失敗を繰り返す相手を鼓舞《こぶ》しようと厳しい言葉で、「そんなこともできないのか？　だったらもうやめてもいいよ」と言うこともあるかもしれません。

ひと昔前なら、「大丈夫です。次はできますから、任せてください」と、崖《がけ》から突き落とされてもはい上がってくる人も多かったかもしれません。厳しい言葉で鼓舞する側としてもそこを期待しているわけですが、近年状況は変わってきています。

「そんなこともできないのか？　だったらもうやめてもいいよ」という言葉に対して、「わかりました！　やめま～す」とあっさり答えるわけです。

厳しい言葉で鼓舞する側からすると、「え～、やめちゃうの～、いかないで～、やめないで～（そんなつもりで言ったんじゃないんだけど～）」と、ガクッときてしまいますよね。

なぜこんなことが起こるのでしょうか？

それには、いくつか理由が考えられます。

❶メンバーを取り巻く状況の変化

・選択肢が増えている

ひと昔前までならやめたくてもほかに選択肢が多くありませんでした。しかし今や仕事なら転職は当たり前、しかもユーチューバーなど今までにはなかった職業も多く生まれています。スポーツでも野球以外にもサッカー、バスケットボール、いやいやスポーツ以外にも魅力的なアクティビティはたくさんあります。

1つのことをやり続けるには、なぜそれをやるのかという明確な目的とそれ自体にやり続けたいと思う魅力が必要になってきます。

・我慢する必要がなくなっている

選択肢が増えている状況に加えて、我慢する必要がなくなってきています。

グーグルで検索すれば図書館に行かなくても何でも調べられるし、アマゾンでポチッと注文すれば次の日には欲しいものが届く時代です。我慢すること自体が以前に比べものすごく減ってきています。逆に言えば、我慢に慣れていないとも言えます。厳しい言葉で我慢を強《し》いられても、じゃあもっと我慢しなくて良いほうへいけば良いとなってしまうのです。

❷リーダーを取り巻く状況の変化

・気合だけでは成果が出なくなっている

かつて「24時間戦えますか？」というCMがありましたが、がむしゃらに働けばなんとかなった時代がありました。

「穴を掘れ！」「ハイ！」「よくやったな」

「穴を埋めろ！」「ハイ！」「よくやったな」

とにかく上司が言うことに従っていれば、多少効率が悪くても成果が出ていました。これは今まで社会が成長していた背景があり、とりあえず気合でも何でも、とにかく行動していればある程度の成果が出たのです。しかし、成長社会から成熟社会へ移り変わっていく中、もはや気合だけでは乗り越えられなくなっています。

・リーダーが経験してきたことが正しいとは限らなくなっている

私たちを取り巻く環境がものすごいスピードで変わっています。今後さらに加速することを考えると、必ずしもリーダーが経験してきた成功パターンが成果につながるとは限らなくなってきているということです。

そういった意味では、メンバーの力を最大限に発揮して成果を生み出していく姿勢も大事になってきています。そのメンバーの力を最大限に発揮してもらう時に重要なのはやはり言葉です。

こうした背景から、私たちは自分が使っている言葉を見直していく必要があると言えます。

先ほど周りの人が使っている言葉を聞いて言葉を身につけたと書きましたが、言葉は変えることができます。東京生まれの私でも、北海道に住んで何度も北海道弁を耳にすれば、使い方を覚えます。最初は意識的に北海道弁を使い、それを続けているうちに意識しなくても、「今日はなまら寒っしょ。手袋はかないと」のように北海道弁を使うようになります。

もしあなたがペップトークを身につけたいと思ったら、今の言葉を変えることができるのです。そのために、次の4つのステップで、あなたの言葉を変えていくチャレンジをしていきましょう。

ステップ1　まずペップトークを知る
ステップ2　意識的にペップトークを使ってみる
ステップ3　うまく使えた時と使えなかった時を繰り返し試行錯誤する
ステップ4　無意識にペップトークが使えるようになる

ステップ1、2は比較的スムーズにいくでしょう。言葉は習慣なので、もしかしたらステップ3の段階は時間がかかるかもしれません。しかし毎日、毎日繰り返していくことで必ず身につくので、ステップ3のプロセスも楽しんで取り組みましょう。

あなたならできる！

言葉を変えることを拒む3つの思い込み

講演などでペップトークを知り、言葉を変える必要性がわかった人でも、いざ言葉を変えようと思った時になかなか一歩を踏み出せないという人もいます。言葉を変えていくことにブレーキをかけてしまうからです。そこには3つの思い込みが存在します。

思い込み❶「褒めるとつけ上がる」

「褒めるとつけ上がるのでは？」「褒めると図に乗るでしょう？」という質問をよくされます。だからむやみに褒めるのはどうか、という話になります。それは「褒めること」と「甘やかすこと」を混同している可能性があります。

「褒める」とは、相手の目標や到達度に応じて、相手が受け取りやすいような具体的な言葉で、存在、行動、結果を承認することであり、相手の心が前向きになるきっかけをつくることです。

「甘やかす」とは、本来やるべきことをやっていないことを容認することです。「つけ上がる」「図に乗る」というのはまさに甘やかした結果、自己中心的な考えや自分勝手な行動を取ることです。その場合は冷静に諭す必要があります。

思い込み❷「楽しいだけでは成果が出ない」

「楽しむこと」と「楽をすること」を分けて考えるとよいかもしれません。たしかに楽だけしていてはなかなか成果が出ないものです。

「楽しむ」とは前向きな気持ちで取り組むということであり、忄（りっしんべん）＋前と書く「愉《たの》しむ」であり、やる気に火がついた状態、能力を発揮しやすい状態です。

一方、楽をするとはより高みを目指していくために、本来やるべきことをやらずに手を抜くという意味です。

結果を出すためには、それに見合う行動が必要です。目標が高ければ高いほど努力も必要です。だからこそ、その努力を愉しく行うことが大切です。

ペップトークでは、「よし、やってみよう！」「きっとできる！」といった前向きな気持ちでチャレンジできる心の状態をつくっていきます。

思い込み❸「ダメ出ししないと成長しない」

誰でもミスや足りないところはあります。ただそれを怒りに任せて伝えても相手は受け取ることができずやる気をなくしたり、恐怖からイヤイヤやることを選択するかもしれません。

ミスや足りないところを改善点、伸びしろとしてとらえ、「～がダメ」「～ができていない」というダメ出しから、「ここはいい、そしてこうするともっと良くなる」と伝え方を工夫するだけで相手は前向きな気持ちで受け取ることができます。

そして最も大きな壁となるのが、「今さら変わるのはカッコ悪い」という気持ちです。

これまで会社の部下に厳しい言葉で接し、奥さんにも「ありがとう」なんて言ったことがないという方の多くは、「恥ずかしいし、急に変わったら何を言われるかわからない。だから今さら変わることはできない」と言います。

しかし本当にカッコ悪いのは、変わりたいのに変わらず今のままでい続けることかもしれません。誰でも変わることには勇気がいります。カッコ良さを手放した時、本当のカッコ良さを手に入れることができるのです。

お勧めは周りに宣言することです。「ペップトークというのを知った。だから言葉をポジティブに変えていこうと思う。時にはネガティブな言い方をしてしまうかもしれないけれど、そんな時はやさしく見守ってほしい」と言ってみてはいかがでしょう。

あなたならできる！

「ペップトーク」と「プップペトーク」

私たち日本ペップトーク普及協会では、ペップトークを以下のような言葉がけと定義しています。

- **ポジティブな言葉で**
- **相手の状況を受け止め**
- **ゴールに向かった**
- **短くてわかりやすくて**
- **人をその気にさせる言葉がけ**

相手に対しての思いがあるからこそですが、そうは言っても私たちは反対の言葉を使いがちです。

私は昔大学のスキー部で後輩を指導している時に、こんな言葉で相手のやる気を引き出そうとしていました。

「おい、佐藤。こうやって滑ってきてって言ったよね。ちゃんとやってこないから腰の向きも悪いし、スキーはズレズレだし、最悪のターンになっているよ。なんで言われたことちゃんとやろうとしないの？　どうしてできないの？　やる気あるの？　もうこの注意、何回も言われているよね。何度も何度も言うのも大変なんだけど。今度やってこなかったらもう練習見るの、終わりにするから。さあ、行ってこい！」

激励になっていないと思うかもしれませんが、私としては相手のことを思って渾身《こんしん》の激励をしていたのです。

「相手のできないところを指摘し」「なぜやらない、どうしてできないと責《せ》め」「やらないなら終わりにすると脅し」、相手を奮起させようとしていたのです。

佐藤くんは気持ちが萎《な》え、肩を落としリフトに乗り、滑り出す前に思うのです。

「また失敗したら、あの先輩にガミガミ言われるんだろうな……」と。

そして、失敗というイメージが現実化してしまい、案の定ガミガミ言われてしまったのです。

こんなふうに、思いはあるけれど、その思いが相手に伝わらないトークのことをペップの反対なので、私たちは**「プッペトーク」**と名づけたのです。

プッペトークとは、いわゆる説教、命令です。

・ネガティブな言葉で
・相手のためと言いながら
・ゴールは無視して
・延々と
・人のやる気をなくす

この本を読んでいるあなたもプッペトークをしたり、されたりした経験がきっとあるのではないかと思います。

プッペトークの怖いところは、本人に自覚がないことです。もちろん言いすぎたなと感じる時もあるのですが、ほとんどの場合、ネガティブな言葉を言っているという自覚がないのです。

このプッペトークの特徴は、自分に矢印が向きがちだということです。話しているうちに熱くなって、こんなに自分は熱心に相手にやってあげているのに、なぜやらないんだ、どうしてできないんだ、こっちも大変なんだぞ、少しはそこを認めてほしいという気持ち、つまり、自分の承認欲求を満たせていないことが原動力になってしまいがちです。

ペップトーカーへの道は自分の承認欲求は相手に頼らず自分で満たし、相手への貢献欲求で動くことが必要です。

言葉がチームをつくる

2人以上で、上司・部下、部署・組織、仲間・クラス、家族・友人など、チームを構成するリーダー、メンバーが使っている言葉を見れば、それがどのようなチームかがわかります。

なぜならば、**言葉がチームをつくる**からです。

この章の冒頭でも登場した旗の台クラブのストーリーの中で、当初はリーダーである監督・コーチが使っている言葉がペップトークなら、メンバーである子どもたちが使う言葉もプッペトークでした。しかし監督・コーチが言葉をペップトークに変えたことにより、子どもたちが使う言葉はペップトークに変わりました。

もしあなたが家族、仲間、チーム、組織のリーダーなら……、

・あなたがこれまで使ってきた言葉がチームをつくってきた
・あなたがこれから使っていく言葉がチームをつくっていく
↓
・あなたの言葉に影響を受けたメンバーが、これまで使ってきた言葉もチームでつくってきた
・あなたの言葉に影響を受けたメンバーが、これから使っていく言葉もチームでつくっていく
↓
・リーダーが使っている言葉がメンバーを育てる
・メンバーが使っている言葉がリーダーを育てる
↓

・あなたがこれまで使ってきた言葉が、あなたを育ててきた
・あなたがこれから使っていく言葉が、あなたを育てていく

可能性という大地にどんな言葉という水を撒《ま》き、どんな実を結ぶかはリーダーであるあなたの言葉次第なのです。

実践事例

言葉の力でチームが変わった！

言葉が変わって周りが変わったという、実際にペップトークを実践してチームが変わったお話があります。

Kさんは東京のITサービス会社の制作・マーケティング部の部長です。社員8人のころに入社、上場を目指す会社は急成長し今ではスタッフは30人。営業部が受注した仕事をマーケティング部が企画、制作部がデザインし、開発部のエンジニアにプログラミングしてもらうという仕事の流れです。

急成長しスタッフの人数も増えていく中、コミュニケーションがうまくとれず、部署間で責任の押しつけ合いが起き始めていました。

営業部は無茶な仕事をどんどん受注してきたり、マーケティング部が実現可能かをあまり考えず勝手に新しいキャンペーンを企画したりすることに対し、開発部の職人気質のエンジニアは納得がいくものをつくりたいと対立が起こります。空気感も悪く、ほかの部署が失敗すればいいのにと、足を引っ張り合うような気持ちにもなってしまいます。

職人気質のエンジニアの機嫌を損ねてはいけないと、社内では他人行儀な言葉でお願いすることもありました。会社の業績は絶好調、しかし中身はギスギスしている状態だったのです。


実はKさんはもともとネガティブな言葉をついつい使いがちなプッペトーカーでした。そして前職での苦い経験がありました。自分たちで立ち上げた会社が９・11の同時多発テロによる不況のため業績が悪化、その際、Kさんは同僚を責めて鬱《うつ》状態にさせてしまったのです。

結果的に、その同僚は立ち直ったのでよかったのですが、今度はKさんが会社の雰囲気を悪くしたということで責められ、ついには会社から追い出されてしまったのです。

そんなことを思い出す中で、ペップトークに出会いました。

Kさんはペップトークを実践し、自分のチームに活かそうと考えました。それぞれの部署で思いを持って仕事をしている、でもその思いをつなぐコミュニケーションが必要だと考えました。

実はかなり多くの時間を一緒に過ごしているにもかかわらず、メンバー同士、人となりを知らずに仕事をしていることを感じていました。お互いをもっと理解し、承認し、お互いの可能性を信じ合えるチームにしたい……そんな思いからチーム内のコミュニケーションを円滑にし、業務の相談をする定例ミーティングを企画したのです。

最初はスタッフも「このミーティング意味あるの?」というような雰囲気でした。そこで第1回定例ミーティングのオープニングをペップトークで始めてみようと決めたのです。ペップトークを考える中、ふと「家族のようなチーム」という言葉が浮かびました。


「そうだ！　合言葉は家族のようなチームにしよう！」

そしていよいよミーティング当日。Kさんはまずはペップトークする自分にセルフペップトークをしました。

❶受容（事実の受け入れ）
わかる、わかる、緊張するのわかる。
❷承認（とらえかた変換）
それって新しいことにチャレンジしているし、過去のパターンを変えたいんだよね。
❸行動（してほしい変換）
カッコ悪くても笑われても大丈夫。目の前の人に届けていこう。
❹激励（背中のひと押し）
どんな結果になっても励ましてくれる仲間がいる。可能性を信じてくれる仲間がいる。

そしてミーティングは、次のペップトークで始まりました。

❶受容（事実の受け入れ）
今、会社が大変な状態で、みんなも正直しんどいことがあると思う。
❷承認（とらえかた変換）
でも、それってみんなが本当にいい仕事がしたいっていうことだよね。
❸行動（してほしい変換）
みんなの考えていること、感じている課題をもっと共有しよう。
❹激励（背中のひと押し）
家族のようなチームにしよう。

このペップトークから始まったミーティングは、回を重ねるごとに徐々に盛り上がっていきました。Kさんはミーティングのオープニングトークとエンディングトークとしてペップトークを実践したのです。

そしてまだまだKさんの挑戦は続きます。

「家族のようなチーム」という合言葉を実践しようと、ミーティングの中で最近うれしかったことなど毎回テーマを設けてメンバーがシェアするようにしました。

すると「最近、マウンテンバイクを買ったんだってね。実は僕も自転車好きなんだよ」「娘さんが熱出してたの治った？」など、以前よりもお互いに世間話をするようになり雰囲気が変化していきました。

また時には「山田さんって、仕事がとても丁寧だと思います」「佐藤くんって、笑顔が素敵だなって思います」「渡辺さんが、この前プログラムでわからないところを解決してくれて助かりました」というように、お互いの良いところや貢献を承認し合うワークをやってみました。

最初は照れ臭そうにしていた職人気質のメンバーたちが、自分のこだわりのポイントを言ってもらったり、自分では当たり前だと思っていたことが仲間に感謝されていることに喜びを感じ、自分自身にも、自分の仕事にも自信を持ち始めたのです。

Kさんが週1回のミーティングを続けた結果、メンバーが自発的に月1回、チームで懇親会を企画するようになりました。やはりそこでの話題もお互いの貢献を承認し合う会になったのです。

この取り組みを行った結果、チームが変化しました。営業部から無茶ぶりされた時、以前なら舌打ちしてやりたくなさそうにしていたメンバーたちが、主体的にみんなでどうやってこの依頼に取り組むか、どうやってみんなでサポートし合えるかを話し合うようになりました。

フランクに相談し合える雰囲気になったことで、今までなら自分ひとりで抱えていた仕事をプログラミング、デザインなど得意な人に任せるようになりました。さらに営業部との連携も良くなり、新たなサービスをつくって会社の成長がグッと加速したのです。

Kさんはこの取り組みを通して、言葉の力という心強い武器を身につけ、リーダーとしての自信がついたと言います。

ビジョンを描いて、目標を掲げて、マネジメントしながらチームを引っ張っていくリーダーから雰囲気づくりに徹することで、メンバーの力を引き出すリーダーになればいいんだとリーダー像自体が変わったのです。

そして、メンバーの貢献を言葉にして指摘すれば、チームのパフォーマンスが上がるという確信を得たのです。

Kさんは、日々こんな言葉でメンバーをペップしています。

「○○さん、めっちゃ早いね！　そのまま開発部の△△さんに送ったら超喜ぶよ。そのスピード感、○○さんめっちゃ助かるよ」

「その冗談、めっちゃ好きだわ、君がいるだけで場が和むよ」

「わかるよ、無茶な仕様変更にイラッとくるのわかるよ。大事にしていた部分が台なしになっちゃうもんね。いいものをつくりたいという思いが××さんのいいところだもんね」

Kさんになぜリーダーとして変わることができたのかを聞いてみると、彼は笑顔でこう答えました。

「昔はリーダーとしてどう声かけをすればいいか知らなかった。でも今は知っています。でも、知っているのとやっているのとは違う。たしかに変わるのは誰でも怖いものです。でもこのまま変わらないまま未来にいくのか？　それとも今変わるのか？　と自分で質問したら後者が答えとして浮かんできました。バンジージャンプは飛ぶ瞬間が一番怖いけど、飛んだら飛んだでなんとかなるものなんです」

Kさんの挑戦はまだまだ続きます。

第2章

あなたもペップトーカーになろう！

ペップトークとは何か？

ペップトーカーへの道の第一歩として、まずは、ペップトークの生い立ちについて触れていきます。

その歴史からペップトークの位置づけ、成功のポイントまで、まず基本的な土台からお話しします。

ペップトークの歴史的背景

アメリカでは、スポーツの試合前や試合中に監督やコーチが、選手を激励するショートスピーチを「ペップトーク」と言います。ここではペップトークがどのようにしてスポーツシーンに登場したのかを見ていきましょう。

1800年代後半から1900年代の初頭、アメリカでは大学スポーツが注目を浴びるようになります。しかし勝利至上主義が強すぎ、人気種目のアメリカンフットボールのフィールドは、「勝つためには何でもあり」の無法地帯になりかけていました。

相手選手にケガをさせたり、命にかかわるような事故が頻発する状況を憂慮したのは、当時のセオドア・ルーズベルト大統領でした。大統領は１９０５年に大学スポーツ関係者を招き、改革のために設立したのが、現在のＮＣＡＡ（全米大学体育協会）の前身、ＩＡＡＵＳ（合衆国大学間運動協会）でした。

選手の命や安全を守るためのルール制定機関として始まったこの協会では、暴力や体罰と同時に、「言葉の暴力」や「下品な言葉遣い」などもコントロールしようとしました。

そして、「指導者たるもの圧倒的な力を身につけ、穏やかに話す」ことをよしとしたルーズベルト大統領の思いは、スポーツ界全体に広がりました。スポーツは紳士が行うものとして、指導者がスーツとネクタイを着用するようになったのもこのころからです。

１９２０年には、PEPTALK（ペップトーク）という言葉が『ランダムハウス大辞典』に登場します。ペップトークという言葉が多くの人に使われ市民権を得るようになったのです。

1970年代、伝説のペップトーカーと言われる人物がいました。アラバマ大学アメリカンフットボール部のベア・ブライアント監督です。

ネットで検索すると、40年以上も前のペップトークの映像がアップされていて驚きます。さらに多くのテレビCMでベア・ブライアントは起用され、彼のペップトークは人々を熱狂させました。

スポーツ映画においてペップトークが注目されたのは、1940年に公開された大学アメリカンフットボールを描いた『KNUTE ROCKNE ALL AMERICAN』です。コーチ役は名優パット・オブライアン、選手役はなんと若き日のロナルド・レーガン元大統領です。この映画の名ゼリフ「ギパーのために1つ勝て！」は、レーガン大統領の選挙演説にも、ブッシュ元大統領によるレーガン氏の追悼演説にも使われました。

そして、アメリカ映画における伝説のペップトークが登場するのが『ミラクル』です。1980年のレイクプラシッド冬季五輪でアメリカのアイスホッケー代表チームのハーブ・ブルックス監督が語ったペップトークを、名優カート・ラッセルが心を込めて語っています。

ペップトークの真髄とは？

競技スポーツは常に結果が求められる世界です。指導者の関わり方で結果も大きく変わってきます。選手が勝利のために心と体を鍛え、技を磨くように、指導者は言葉の力を磨きます。

とくに試合は最高のパフォーマンスを発揮する本番です。アメリカンフットボールのレギュラーシーズンは16試合、メジャーリーグでは１６２試合の大事な本番があります。この本番で結果を残すために指導者は言葉の力を駆使します。日々の練習では、世界の情勢（外部の状況）を把握しながら、チームの状態（内部の状況）も考慮して、選手たちのやる気を引き出す「モチベーショナルトーク」をします。

そして、いよいよ迎えた試合前には全員の闘争心に火をつけるペップトークをするのです。ペップトークは、「トーク」と言っていますが、とくに集団スポーツの場合は１対多で伝えるため、実際にはスピーチの要素が大きくなります。

その瞬間は、指導者にとっての本番であり、その短いスピーチにすべてをかけます。ですから、どんな言葉で、どう伝えるかを考えに考え抜いて準備することは、指導者にとって大事な役割なのです。

スピーチは、スポーツの技術習得と同じように練習すればするほど上達するので、日々のスピーチを振り返り改善し、場数を踏めば確実に素晴らしいスピーカーになることができます。

では最高のペップトーカーになるためには、さらにどんな力を磨く必要があるのでしょうか？　代表的なものとして次の４つがあります。

①応援力
②把握力
③判断力
④伝達力

①応援力

まずは、相手と夢や目標を共有し、相手の可能性を信じ、一緒にその道のりを進む覚悟、そして応援する力です。相手との関係を構築し、この人に応援されたいという存在となることも重要です。

②把握力

相手がどんな状況に置かれ、どんな心の状態にあるのか、どんな課題があるのかを把握する力です。そのためには相手に寄り添う傾聴力、相手の想いや気づきを引き出す質問力、相手の心の状態をおもんぱかる斟酌《しんしゃく》力が必要です。

ＰＴＡ向けの講演で、「子どもが『頑張れと言われるとやる気をなくす』と言うのですが、どうすればよいか？」という質問がありました。「じゃあ、なんて言ってほしいの？　と聞けばよいと思いますよ」と、お答えしたことがあります。

言われる側が、何も言ってほしくない状況もあるかもしれません。そんな状況の時には状況を察して、「そばにいる」だけでもよいのかもしれません。

ポイントは、ペップトークで使われる言葉の選択肢は、聞く側の心の中にある可能性が高いということです。

③判断力

夢や目標の実現に向け、相手の状況を踏まえ、今何が必要なのかを的確に判断し、進むべき方向を見いだす力です。

相手が、「自分では頑張っているつもりで、実際には行動していないタイプ」の場合、行動を促す激励が必要ですが、「自分では頑張っているとは思ってはいないが、実際は頑張りすぎているタイプ」の場合、労をねぎらいブレーキをかける必要があるのかなどを見きわめる眼力も必要になってきます。

④伝達力

ここぞという時に、相手に伝える力です。どんな言葉を選択し、どう伝えるかという表現力です。

相手の魂を揺さぶり、やる気を引き出すためには普段のコミュニケーションの中から、誰がどの言葉にどう反応するのか、自分の口ぐせや決め言葉は何なのか、目の前にいる選手やチームがその気になるキーワードは何かをつかむことも大切です。

その情報収集に基づいて、どの言葉で、どんな話の組み立てをして話すのが最も効果的でわかりやすく「自分らしいペップトーク」にできるのか、練りに練ることが必要です。

ペップトーカーとして押さえておきたい理論的背景

ペップトークは、コミュニケーションにおけるさまざまな理論的背景があります。ペップトークをより深く知るうえで、どのようにしてペップトークが成り立っているかを知ることは、とても大切です。

以下、ペップトークがさまざまなコミュニケーションのメソッドから生まれていることを解説していきます。

❶人間関係の重要性に関する基礎理論

【ラポール】……信頼し、信頼される関係を構築しよう！

『大辞林』によると、ラポールとは「互いに親しい感情が通い合う状態。打ちとけて話ができる関係」と定義されています。ラポールは、「相互に信頼している状態」で、人間関係の基本です。ラポールを構築するためには、相手に対する誠意、好意、敬意、思いやりなどが大切で、具体的な行動としては、

あいさつをする　敬意を払う
褒める　認める
関心を持つ　好意を示す
賛同する　共感（同感）する
すぐに反応する　まめに接する

が必要です。そして最も大事なのは、

ありがとうと言う　感謝を伝える

です。逆にラポールを崩してしまう行動は、

無視する　軽視する　自分のことばかり話す
批判する　否定する　敵意を示す

うそをつく　だます　反応が遅い

など、人として良くないことです。そして最も関係を崩しやすいのは、

本人がいないときに悪口を言う

ことかもしれません。それはめぐりめぐって、必ず悪口を言った相手に伝わるからです。同じ言葉でも誰から言われるかによって、相手の行動は変わります。信頼関係があるからこそ、ペップトークは相手の心に届くのです。

❷伝達力に関する基礎理論

【ストローク】……相手をその気にさせるエネルギーを出そう！

コミュニケーションの世界では、相手に与える印象をストロークと言います。好印象を与える接し方を「ポジティブストローク」、嫌な感じを与える接し方を「ネガティブストローク」と分けています。

接客の世界では、お客様に対して笑顔で丁寧におもてなしの心を持って接することがポジティブストロークですが、スポーツの世界や厳しいビジネスの世界では、聞く側がその気になる接し方と解釈できます。

必ずしも穏やかで優しいものとは限らず、気合が入った本気の接し方のほうが、みんなが鼓舞されて盛り上がる可能性もあります。いずれにしてもハラスメント問題と同じで、聞く側がどう感じるかが大事です。

【メラビアンの法則】……話の内容と見た目を一致させよう！

メラビアンの法則は、矛盾したメッセージが発せられた時（たとえば、笑顔で「最悪！」と言う）、話の信憑《しんぴょう》性を何で判断しているかを示したものです。法則には3つの要因があります。

- **見た目である視覚情報が55％**
- **声のトーンや話し方など聴覚情報が38％**
- **言語情報、言葉そのものは7％**

これは指導するときも、ペップトークをする時にも本気度がどれだけ伝わるかという点で非常に重要な要素です。たとえば、叱《しか》らなければならない状況で、指導者がヘラヘラと笑いながら語ってしまうと、言葉が適切でも、その見た目から聞く側は「本気ではない」と判断してしまう危険性があるからです。

言行一致は、「言葉と行動が一致していて矛盾がないこと」が本来の意味ですが、話の内容と、表情や姿勢など見た目が一致していることも大事です。

脳科学的に「伝達」は、言葉による伝達だけではありません。文字を書く、読む、ジェスチャーをするなど、誰かに何かを伝えようとすると脳の中の伝達系の領域が使われます。

言語を駆使して伝える場合、論理をつかさどる左脳の伝達系領域が使われ、イメージやアクションなど非言語によって伝える場合、右脳の伝達系領域が反応します。同時に聞く側の脳も頑張っています。言葉による情報は聴覚系から理解系を経由して運動野へ、動作などでやり方を示すと視覚系から理解系へとつながり、自分のフィルターを通して、その動きの再現のために運動野へと命令が下されます。つまり、言語情報、聴覚情報、視覚情報の適切なコラボで思いを伝えることが大事です。

【オノマトペ】……五感を刺激してイメージを引き出そう！

オノマトペとは、フランス語で「擬音語、擬声語、擬態語」のことです。日本語はオノマトペに富む言語で、「キラキラ」「どきどき」「ワクワク」「もやもや」など５０００語以上あります。オノマトペを日常の言語表現に織り交ぜることで、イメージが伝わりやすくなるので「もちっと」「ピリ辛」などオノマトペを商品名に使った食品が増えています。

脳のタイプは、「論理脳」と「感覚脳」とに分類されることがありますが、論理的な言葉だけよりもオノマトペを加えて感覚にも訴えることでより活性化され、イメージが描きやすくなると研究で報告されています。

どちらの脳のタイプであっても、「ストンと腑《ふ》に落ちる」論理的な説明と「クッキリとしたイメージ」が湧くオノマトペを組み合わせて伝えることで伝達力が格段にアップするのです。

❸イメージの重要性に関する基礎理論

【物質的想像力】……想像力のパワーを解き放とう！

「勝ったことのない選手に勝利のイメージをしろと言ってもできないのでは？」と質問されることがあります。フランスの哲学者バシュラール博士は、今から80年近くも前に、人の想像力には2種類あると説きました。

・自分が経験した過去の意識の中から想像する「形式的想像力」
・未経験の無意識の中から想像する「物質的想像力」

形式的想像力は、常識の範囲にとどまっているのですが、物質的想像力は、常識を覆し、いまだ誰も見ない「物」を創造する力を持っていると言われています。

実は、勝ったことのない選手のほうが、ある選手よりも、勝ちのイメージが華やかな傾向があると言われています。「勝った時はどんなに素敵なんだろう！」と、夢の向こうの世界の想像を自由にふくらませることができるのです。

成功を想像することは、到達したことがないからこそワクワクするのです。あなた自身の想像力のパワーを解き放つと、脳内の幸せホルモンが分泌され、自分の夢や目標がはっきりと近づいてくるのです。

【サイコ＝サイバネティクス】……自動成功メカニズムにスイッチを入れよう！

サイコ＝サイバネティクスは、脳と意識が目的に向かって邁進《まいしん》する自動成功メカニズムです。マルツ博士は１９６０年『あなたは成功するようにできている』（邦訳：きこ書房、２００５年）という本の中で自己イメージが人生に大きな影響を与えることを解き明かしました。

一般的には、人と動物の大きな違いは、人は言葉というツールを持ち「社会的」である点だと言われています。しかし、マルツ博士は「成功本能」に焦点を当て、動物との違いを解説しています。

動物は、生き残るための成功本能が生まれながらにして遺伝子に組み込まれています。渡り鳥は、知らないはずの土地を目標として飛び立ちます。

一方、人は複雑な成功本能を持っていて、自分で目標を設定し、試行錯誤を繰り返しながら、自身の成功に向かって進み始めます。人間は自分が描いた成功のイメージに向かって行動を起こすことができるのです。

「できる。大丈夫」と成功をイメージしながら動いていると、成功への自動誘導装置のスイッチが入ります。心のメカニズムは、あなたの描いたイメージを実現しようと動き始めるのです。「どうせ無理だ！　私にはできない」と思い込んで行動したら、心はそれを望んでいるものと勘違いします。

こうした人の特性を活かして、イメージを書き換えていくことが、指導者にとって必要となります。

❹思い込みに関する基礎理論
【ピグマリオン効果】……相手はできると信じて接しよう！

ピグマリオン効果は、人は期待された通りの結果を出す傾向があるという心理効果の１つです。１９６４年にアメリカの教育心理学者Ｒ・ローゼンタールの実験で実証されました。

「この子たちは必ずよくなる」という先入観を持った教師の授業を続けていると、生徒はその期待に応えて伸びていきました。その逆に、「この子たちはダメだ！」という先入観を持って授業をすると、生徒の成績が低下しました。これはゴーレム効果と名づけられました。

「目の前にいる人が、必ずよくなると信じてあげることは、自分の心の中のプラスのエネルギーが、相手の心に伝わるのではないでしょうか？」と、ある講演会で熱く語っていたら、講演を聞いていたドクターから「量子力学的にもあり得るでしょうね。検証するまでもなく、前向きな気持ちになっている時と、強いネガティブを持っている時の生体内の分子の動きは違うでしょう」という言葉をいただきました。

現在では、ゴーレム効果が生じてしまった子どもたちの追跡調査から検証そのものが禁止されています。裏を返せば「ピグマリオン効果」には効果がある証拠です。

このことから、「人は必ずよくなる」と信じて話すことが大事です。

【環境遺伝子ミーム】……前向きな環境をつくろう！

環境遺伝子ミームとは、1976年にリチャード・ドーキンス博士が提唱した言葉で、「人々の間で、心から心へとコピーされる情報」のことです。それは文化を形成する情報となっていて、習慣や技能、物語といった、人から人へと伝承されていくものを指しています。口伝《くでん》だったり、模倣だったり、単に流行として他者からコピーされたりしながら、「当たり前」のこととして伝播《でんぱ》していきます。

周りの人が明るかったら明るい、厳しかったら厳しいのが当たり前になっていきます。スポーツの世界ではかつて厳しい環境で育てられた選手たちが、現在監督・コーチになり、自分がされたように厳しい言葉で指導しています。

今の自分があるのはそれがあったから、今度は自分がそうしなければならないという観念に囚われ、それがいきすぎるとハラスメントになり、ハラスメントの連鎖が起こっています。今は時代が変わり暴力や暴言が許されない時代です。

思い込みによる環境を変えるには、長い年月とたゆまない努力が必要です。なぜなら口伝による思い込みは、それ以上に長い年月をかけて構築されているからです。その思い込みを書き換え、打破できるのも「言葉の力」なのです。

【パラダイムシフト】……思い込みを書き換えよう！

スティーブン・R・コヴィー氏の大ベストセラー『7つの習慣』（キングベアー出版）の中で、パラダイムは「ものの見方」としてとらえられています。それは、世の中の物事を見るときの基準になる「考え方」で、人は自らの行動や態度の源になるパラダイムを持っているとしています。

「もし自分がこの世の中で、思うように生活できていないとしたら、自分のパラダイムに問題があるのではないか？　そうだとしたら、自分のパラダイムを変換したらどうだろう？」

これが、パラダイムシフトの考え方です。

「他人と過去は変えられないが、自分と未来は変えられる」というのは、カナダの精神科医エリック・バーン博士の名言ですが、まさに自身のパラダイムシフトを勧めています。

たとえば、「緊張する」ということをネガティブにとらえている人がいるとします。その人のパラダイムは「緊張するとうまくいかない」「緊張するのはよくない」です。たしかに人は緊張・興奮が高すぎると頭が真っ白になったり、動きかガチガチになり良いパフォーマンスが発揮できません。

しかし人は逆に、リラックスしすぎても注意力散漫でミスをして良いパフォーマンスが発揮できません。つまり、「最良のパフォーマンスは適度な緊張が必要です」という話を聞いて、その人が腑に落ちればパラダイムシフトが起こります。「そうか、緊張することは悪くない、むしろ適度な緊張が必要なんだ。だったら緊張を味方にしよう！」となるわけです。

ペップトーク・サイクルとは？

アメリカのスポーツ界ではリーダーである監督やコーチは目的とタイミングによってトークを使い分けています。この言葉の使い方を私たちはペップトーク・サイクルと呼んでいます。ペップトーク・サイクルは、

❶試合前の「ゴールペップトーク」
❷試合後の「ポストコンペティショントーク」
❸普段の練習での「モチベーショナルトーク」

で構成されています。本番直前、ゴールペップトークで選手たちを前向きな言葉で

【ペップトーク・サイクル】

❶ゴールペップトーク

【目的】

・選手たちが100%力を出しきれる心の状態をつくる

【ポイント】

・ポジティブな言葉で成功のイメージを描く
・短くわかりやすい言葉で届ける
・選手たちの立場に立ち一番言ってほしい言葉を伝える
・選手たちのやる気に火をつける本気の関わり

❷ポストコンペティショントーク

【目的】

・もっと強くなるために改善点を洗い出す

【ポイント】

・熱い気持ちと冷静で的確な分析力
・選手たちが受け止められる言葉で伝える
・良かった点も悪かった点も真摯に受け止める
・時にはネガティブな表現も必要

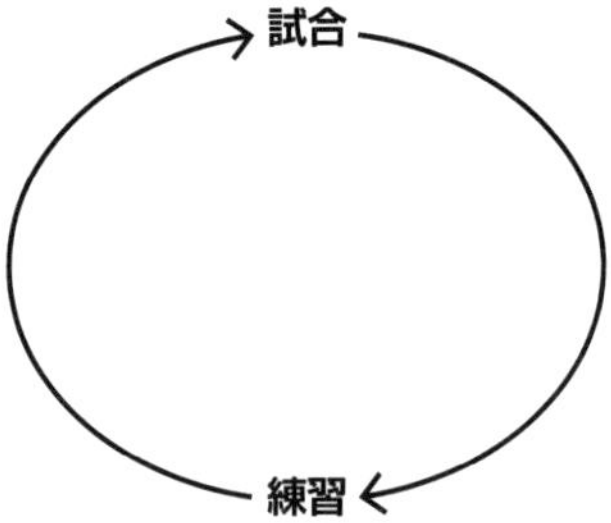

❸モチベーショナルトーク

【目的】

・練習でのモチベーションを維持しながら改善点＝課題を克服する

【ポイント】

・目的を理解して納得を得られるように伝える
・何をどれだけどうやるのか的確に言語化する
・選手とのラポールを構築する関わり
・時にはネガティブな表現も必要

背中のひと押しをします。試合を終え結果が出たら、良くても悪くてもポストコンペティショントークで「良くなる点」を共有します。そして、普段の練習では良くなる点を踏まえ、次の目標に向けてモチベーショナルトークで選手を育成していきます。

❶ゴールペップトーク

ゴールペップトークは試合直前のロッカールームで、緊張し身震いする選手たちが、本番で力を出しきれるように勇気づける激励のショートスピーチです。本書のテーマでもあるいわゆるペップトークです。本番直前に一気にやる気に火をつけるためのエネルギーが凝縮された本気のスピーチです。

【目的】　**選手たちが100%力を出しきれる心の状態をつくる**

【ポイント】
- **ポジティブな言葉で成功のイメージを描く**
- **短くわかりやすい言葉で届ける**
- **選手たちの立場に立ち一番言ってほしい言葉を伝える**
- **選手たちのやる気に火をつける本気の関わり**

❷ポストコンペティショントーク

スポーツの世界には、ネガティブな言葉を言わなければならない状況があります。それが試合終了後のスピーチ、ポストコンペティショントークです。試合後には「良かった点」も「悪かった点」も真摯《しんし》に受け止めることが必要なのでネガティブな言葉も出てきます。なぜなら、本番直後だからこそ「何が悪かったのか、何が足りないのか、もっと良くなるのは何なのか」など、身をもってわかるタイミングだからです。

そして「悪かった点＝よくなる点、改善点」は、負けた時だけでなく、勝った時にも見つかる可能性があります。それは「良かった」けれども「もっと良くなる点」です。

負けたら、もちろん悔しいものです。本人も指導者も感情的になっているかもしれません。しかし、その熱いうちに、可能な限り「次に向かっていくために必要な要素」を考えるには「敗北や失敗」も受け入れ、適切な評価をします。今の立ち位置が明確になれば、良くなる点や改善点も見えてきます。

もし意図的に指示に逆らいミスをした場合には、叱らなければなりません。ミスが出た場合には、根本原因を考えなければなりません。その上で、同じミスを繰り返さないためには、何が必要なのか、そのミスから何を学び、どう成長していくのかを明言するのが、ポストコンペティショントークの大事な役割です。

【目的】　もっと強くなるために改善点を洗い出す

【ポイント】・熱い気持ちと冷静で的確な分析力

・選手たちが受け止められる言葉で伝える

・良かった点も悪かった点も真摯に受け止める

・時にはネガティブな表現も必要

❸モチベーショナルトーク

モチベーショナルトークは、練習に対する目的意識を高め、やる気を喚起する練習前のショートスピーチです。スポーツの現場では、練習前に「集合」があり、監督やコーチ、場合によってはリーダーやキャプテンが話します。そこでは、試合を通して洗い出された「改善点＝課題」を克服するために、その日の練習の具体的な内容と、その目的をわかりやすく伝えます。

慶應大学ラグビー部元監督で、フジテレビのスポーツキャスターを長年務めた上田昭夫さんの著書『王者の復活』（講談社）の中で、「これからの時代、きちんと説明することが大事だ」と書かれています。

つまり、「なぜやるのか、目的をきちんと説明して理解と納得を得ること、そして何をどれだけやるのか内容を明確にすること」が指導者の役割です。体罰やパワハラが禁止される中、上田さんが大事だと言っている「指導者の説得力」は、これからますます必須の技術なのです。

限られた時間で効率よく成果を上げるためには、1人ひとりが目的を理解し、正しい技術を習得するために1回1回を大事にした反復練習を、また必要な体力を身につけるために科学的なトレーニングを行う必要があります。

良くわからない状態でシュートを1万回繰り返したり、ただ漫然と千本ノックを受けても、良くないフォームで走り続けても、上達することはありません。正しくない方法を反復することで、体が覚え込んでしまうからです。

また選手たちは「練習↓試合↓練習↓試合」を繰り返していきますが、試合よりも練習時間のほうが長いでしょう。だからこそ、試合での成功イメージの共有、それに向けた心技体の適切なトレーニング、さらに厳しい練習をともに乗り越えるラポールを構築していくかが大切です。

そのためには1人ひとりの選手に対して日々のちょっとした声かけでどんな言葉を使うか、そして誰がどの言葉にどう反応するかを把握しておくことも重要です。

【目的】　練習でのモチベーションを維持しながら改善点＝課題を克服する

【ポイント】
- **目的を理解して納得を得られるように伝える**
- **何をどれだけどうやるのか的確に言語化する**
- **選手とのラポールを構築する関わり**
- **時にはネガティブな表現も必要**

ペップトークの成功のカギ

ペップトークは言葉がけの技術ととらえがちですが、相手のやる気に火をつけるというのは相手の感情を動かすことです。人間は感情の動物とも言われますが、感情が動くためには何が必要でしょうか？　ペップトーク成功の3つのカギを見ていきましょう。

❶誰が言うか
❷何を言うか
❸どう言うか

❶誰が言うか

やろうかな、やめようかな、どうしようかな？　と迷っている時、「大丈夫、君ならできる！」という言葉で背中を押されるとします。その時、この人に言われたら、思わず「やります！」って言いたくなる人っていませんか？　逆に、この人にはどんなに言われても気持ちが動かないという人もいますよね。

つまり文字に書くと同じことを言っているにもかかわらず、誰がその言葉を言うかによって私たちのやる気の出かたは違ってくるのです。励まそうとしている相手にとってあなたはどんな存在ですか？

❷何を言うか

いわゆるシナリオです。このシナリオも相手の感情が動くように工夫します。そのために自分が言いたいことではなく、相手が一番言ってほしいことを想像します。相手の状況や感情を受け入れ、ものの見方、とらえかたに新たな気づきを与え、今持っているものを承認し、今一番すべき行動を提示し、本気の思いを込めて励ます言葉を選びます。

さらに相手の感情がどのように変化するかを理解したうえでシナリオを組み立てることも重要です。たとえば、ペップ前の感情【緊張】↓ペップ後【やる気】のように変化してほしいとすると、どんな言葉をどんな順番で相手に語りかけるかが見えてきます。

❸どう言うか

相手を励ます時、言葉をどう届けるのかも重要です。相手の心が震え感情が動くように伝えるには、ペップトーカー自身の感情も動かしていく必要があります。

その際ペップトーカーがどんな感情でいるのかが大事です。その時の相手を見て感じた感情（愛、自由、感謝、やる気、自信、ポジティブ、信頼、優しさ、希望、楽観など）を最大限に表現します。

その感情により表情・姿勢・動作など身体的な表現、声の大きさ・トーン・間・抑揚など言語的な表現、場の雰囲気や空気感といったものまで連動していきます。

ペップトーカーになるための4つの習得ポイント

さて、ここからはいよいよペップトーカーになるために身につけていきたい具体的な4つの習得ポイントについて見ていきましょう。

私たち日本ペップトーク普及協会ではペップトークを次の4つに体系化しました。

❶ポジティィ語
❷セルフペップトーク
❷ゴールペップトーク

❸ビジョンペップトーク

❶ポジティ語（第3章で詳しく学びます）

「ポジティ語」とは、すべてのペップトークの基本となるポジティブな言葉です。ワンワード、ワンフレーズで相手を元気にしたり、やる気を引き出すペップな言葉です。

ポジティ語をマスターするには大きく分けて2つのスキルがあります。

①とらえかた変換……物事の見方、とらえかたをポジティブに変換します。

（例）すぐキレる↓熱心だ、難しい↓やりがいがある、できない↓伸びしろがある

②してほしい変換……行動を伝える時に、「してほしくないこと＋否定形」から「してほしい」ことにポジティブに変換します。

（例）遅刻しないで↓時間に余裕を持って、負けるな↓ベストをつくそう

❷セルフペップトーク（第4章で詳しく学びます）

自分自身を励ますペップトークです。心の中でつぶやいたり、声に出すとよしやる

ぞとスイッチが入ったり、心が元気になる言葉です。

日本人の魂に刻まれた337拍子のリズムに合わせた「337ペップ」、穏やかな川柳のリズムに合わせた「575ペップ」、そのほかにもお気に入りの言葉、ことわざ、座右の銘などがあります。

（例）できる　できる　かならずできる（337ペップ）

感じよう　言葉の力　無限大（575ペップ）

最高！　最幸!!　さぁ〜いこう!!!（かけ声）

❸ゴールペップトーク（第5章で詳しく学びます）
もともとのペップトークと言えばゴールペップトークです。スポーツの試合前にロッカールームで行われるペップトークがこれに当たります。

つまり、何かにチャレンジする相手を励ますペップトークです。1000本以上のアメリカのスポーツ映画に見られるペップトークを分析した結果導き出された、人のやる気を引き出すトークモデルです。ゴールペップトークは4つのステップで組み立てていきます。

❶受容（事実の受け入れ）
❷承認（とらえかた変換）
❸行動（してほしい変換）
❹激励（背中のひと押し）

実はこの4つのステップ、もともとは7つのステップでした。この4ステップと7ステップは状況によって使い分けることができます。

❹ビジョンペップトーク（第6章で詳しく学びます）

異なるバックグラウンドの人が集まるシチュエーションで、聴衆の心をグッとつかむペップトークです。感動のストーリーを使ってメッセージを相手の心に刻み込むスピーチです。これも4つのステップで組み立てていきます。

①誘引（セットアップ）

②展開（トライ＆エラー）
③感動（クライマックス）
④激励（ペップアップ）

実践事例

〝ペップトーク実践園〟という保育園の挑戦！

ペップトークを体系的に現場に取り入れて組織を変革しているリーダーの話です。栃木県足利市のやままえ保育園は、「子どもたちから明るい日本を創造する！」を理念とした、園児１４０名、職員30名の保育園です。

桜の木々に囲まれた広い園庭で、子どもたちは、よく体を動かし遊び回ります。３歳以上の子どもたちは、「走る！　読む！　歌う！」をテーマに、０歳から2歳までは、子どもたちの発達段階に重点を置きながら、自立を促す体づくりに日々取り組んでいます。

園長の藤生義仁さんは「やればできる！」をモットーにした熱い教育者です。しかし以前から言葉の重要性については理解していたものの、いざ実践するとなると、日々の忙しい仕事の中、相手の欠点ばかりに目がいき、「笑顔がない」「声が小さい」などただのダメ出しになってしまうことも。さらにやる気を削がないようにと、躊躇《ちゅうちょ》して注意するタイミングを逃してしまったり、うまく職員の力を引き出すことができていませんでした。

「良い言葉を使おう！」という職員の目標も抽象的な表現だったため、それぞれの基準の「良い言葉」＝「良かれと思って言った言葉」が飛び交い、「失敗しないように、頑張ってね」とプレッシャーをかけたり、「あの人にもできるんだから、あなたなら絶対できるよ」と比較をしてやる気を上げようとしていました。

人によっては「厳しすぎる……」と落ち込む職員もいました。そういう状態が続くと職員室の空気が重く、中に入りづらいという職員も多くいる時期もありました。

子どもたちに対して職員は、「モタモタするから、オシッコもらしちゃうじゃない！」「早くしないとお外で遊べなくなっちゃうよ」「言うことがわからないなら、ちっちゃい子のクラスに連れて行くよ」などのいわゆるプッペな言葉をごくごく当たり前に言ってしまっていました。

また「子どもたちの心を育てる」という目標があるのにもかかわらず、心を育てるどころか萎《な》えさせる、禁止・命令の言葉、「廊下は走っちゃダメ！」「危ないから遊んじゃダメ！」「何でそんなことするの！」などを違和感なく使っていたのです。

そのような状態ですから、時に子どもたちも職員の顔色をうかがいながら……という場面もありました。

「もちろんみんな頑張っている。でも頑張り方の方向性が違うのでは……」と打開策を模索していた藤生さんに、幼児活動研究会株式会社、日本経営教育研究所の教育アドバイザーで、日本ペップトーク普及協会の講師でもある倉部雄大さんが「子どものやる気を引き出す言葉の力を一緒に磨いていきませんか？」と提案したのです。

初めはどんなものかわからないまま、疑心暗鬼で受けた研修でしたが、

・なぜポジティブな表現が有効なのか？
・なぜネガティブな表現が不利なのか？
・幼児期にどんな影響があるのか？

など脳科学と心理学に基づいた理論や具体的な声かけの方法も教わり、職員の意識が大きく変わり始めました。また、藤生園長自身がリーダーとしてもっと深く学んでみて、「絶対にペップトークであふれる園をつくりたい！　ペップトークで保育業界を変えたい！」と強く決意したのです。

藤生園長と倉部講師のチャレンジが始まりました。やままえ保育園はもちろん、業界全体を変えていきたいと思い、倉部講師のアドバイスのもと「ペップトーク実践園」という制度をつくり、やままえ保育園は「実践園第１号」になりました。

私もこれまで学校にもペップトークの講演や研修を行っていますが、多くの場合、先生だけ、保護者だけ、子どもたちだけとなります。たとえば、子どもたちがペップトークを学んでも、先生や親がペップトークを知らず、プッペトークで心が折れてしまうというようなことが起こっていました。本当の意味で改革をするには「先生・保育士」「保護者」「子どもたち」の３者が言葉の力を実感し、ペップトークを実践していくことが必要です。

そのために藤生園長はリーダーとして実践園のカリキュラムに則り、この３者にペップトークをいかに実践してもらうかを考えました。

1．子どもたち（年長児）に対してのペップ保育

年長児を対象とした、ペップ保育と題して、年6回のカリキュラムを組み、倉部講師をメインに子どもたちへ授業を実施。

2．職員対象ペップ研修

園内で、ペップトークをあふれさせていくには、まずは働いている職員が子どもたちの見本となるよう研修を実施。

3．保護者対象ペップ講演会

家庭で使っている言葉が、そのまま子どもたちが使う言葉として伝わっていくということで、年長、年中、年少組の保護者を対象に、ペップ講演会を実施。

4．ペップカードの実施

「ペップトーク実践園」の重要なポイントとして、「ペップカード」（職員、子ども、保護者でお互いをペップな言葉で励ますカード）を作成。

このようなペップトーク実践園としての取り組みをする中で、変化は徐々に現れていきました。

藤生園長は、職員の言葉の使い方で気になることがあっても、それをとらえかた変換して、成長ポイントとして見るようになりました。「惜しい部分・足りない部分↓成長できる伸びしろ」と変換することにより、「まずはいいところ・できたところを確認し、視点を変えてみて、違う提案をして、頑張ってみよう！　とあと押しをする」という順序をかなり意識できるようになり、こんなふうに声をかけました。

❶受容（事実の受け入れ）

今の子どもたちへの説明の順序はすごく良かったね。だいぶ、スムーズにいくようになったと思うよ。

❷承認（とらえかた変換）

次のステップは、声がけの言葉の選び方だね。「〜〜して！」だと、自分が言われた時にどう思うかな？　大人も子どもも言葉を受け取るということは、優しく言われたほうがうれしいよね。

❸行動（してほしい変換）
だから、次は「〜〜してみよう！」ってのはどうかな？
❹激励（背中のひと押し）
明日、ぜひ試してみよう！


このように声をかけられた職員は、言葉をどんどん変えていきました。

さらに職員同士でもペップトークをすることにより、より一層チームワークが良くなり、園内で「ありがとう」という言葉が増えてきました。会話の最後に「ありがとう」がくると印象が変わり、気分が明るくなります。意見が言いやすい雰囲気となり、風通しの良い職場となってきました。

さらに職員が自分事として主体的に園のことを考え始めました。「この仕事は何のためにやっているのか？」を話し合うことで、やって意味のあること、良いことは残し、なぜやっているのかわからないもの、非効率的なものは、変化・削除していくことで、仕事への効率も上がっていきます。

職員の残業時間が減り、行事がないときは、定時で帰れるようになりました。ま

職員対象のペップ研修

全体研修	年１回、正職員・パートの職員全員参加で行います。

１回目 導入	ペップ　とプッペ　というオリジナルのキャラクターを用いてお話を聞いてもらいました。
２～４回目 グループ形式の 話し合い	逆上がりができなくて泣いてしまったA君はどんな気持ちかな？ どんなペップな言葉をかけてあげると喜ぶかな？　など毎回１つテーマを設けて、それについてグループで話し合い、発表をします。
５回目 ペップお手紙	子どもたちが卒園に向けて、今までの感謝の気持ちを保護者へ向けて伝える、「ペップお手紙」を書く時間。 どんなことがうれしかったか、どんなことがありがとうと思ったかを考え、それぞれ手紙を書きます。
６回目 お手紙を読む	子どもたちから保護者の方々へ、手紙を読んでもらう時間をつくります。なかなか、普段では言葉として伝えられない、「感謝の言葉」。 ペップ保育を繰り返したことで、素敵なところなどのポジティブを発見する力がついたからこそできるものだと思います。
日々の振り返り	普段使っている言葉を振り返り、言葉の影響力をあらためて考え直す良い時間です。

た、産休・育児休暇の取得も増え始め、結婚・出産のあとも復帰してくれる職員が増えました。

毎朝のクラス朝礼や帰りのあいさつでも、ペップトークを取り入れ「やればできる！」「〇〇ちゃんならできる！」というペップな言葉が増えていきました。

とくに印象的だったのは、年長のZ君でした。

Z君は友だちとのトラブルが多く、よく注意されていました。クラスの友だちも「Z君が〇〇した」「Z君が〇〇って言った」と毎日口にしていました。

ペップ保育の一環として帰りの会で始めた「ありがとうタイム」では1日を振り返って、友だちの良いところを探して、発表する時間です。クラスの子どもたちも、ペップトークを知ってから、Z君の悪い行動よりも、良いところを発見するようになりました。

みんなからZ君へ「優しくしてくれてありがとう」「一緒に遊んでくれてありがとう」という前向きなメッセージが少しずつ増えてきました。すると、Z君の行動も徐々に変化し、今まで独り占めしていたおもちゃを素直に貸すことができたり、自分が悪い行動をした時も素直に「ごめんね」と言えるようになりました。

ペップ保育では、Ｚ君だけでなく、クラス全員の子どもたちが、お互いのいいところを見つけ、伝えることができ、大きく成長することができたと強く感じます。

また、年長組にとって保育園最後の運動会。主役の子どもたちは、期待に胸をふくらませてワクワクもしながら、反対に緊張してドキドキもしています。そんな時に、担任の伊藤先生からも子どもたちの心に火をつけるペップトークが始まりました。

❶受容（事実の受け入れ）

今日はみんながずっと楽しみにしていた、運動会本番だね！

❷承認（とらえかた変換）

練習と違って、今日はたくさんのお客さんがいて、上手にできるか不安な気持ちもあるよね。

❸行動（してほしい変換）

でも、みんなは今日のために、毎日一生懸命頑張って練習をしてきたよね！　みんなの力をたくさんのお客さんたちに見せてほしいと思います！

❹激励（背中のひと押し）

みんななら絶対大丈夫！　先生も全力で応援しているよ！　きく組みんなで絶対成功させるぞー！　えいえい、おー!!

あの瞬間のクラスの一体感は、一生目に焼きつく光景になりました。

藤生園長は振り返って語ってくれました。

「私自身、以前は自分の言葉にまったく自信が持てず『こうしていこう！』とはっきりと伝えることができませんでした。『これでいいのかな？』と不安を抱えながら、『とりあえず、褒めておけば大丈夫かな』と思い、『いいね！』『すごいね！』『良かったよ！』など勢いのみ伝えていたように思えます。

今振り返ると、その人の出した『結果』しか見ていなくて、普段から頑張ってやってくれている『行動』、そしてどんな思いで保育をしているのか、その人がいてくれること、つまり『存在』を見ていなかったんだな、と痛感しました。

ペップトークとの出会いから、大きく考えが変わりました。以前は職員に対して

園、子ども、親の3者の取り組み

園長から職員へ	毎月の給料明細にペップカードを入れて、感謝の気持ちを伝えるようにしています。
職員同士で	毎月末に、1カ月の感謝の気持ちを伝えるために、このペップカードの渡し合いを始めました。初めは、長い文章を作成して行っていて新鮮で良かったのですが、その後、徐々にマンネリを感じるようになり、そこで進化した「ペップカード」。ほんの3行ほどの内容で、頑張ったこと、助かったこと、うれしかったこと、ありがたかったことなどを自由に書いてもらうようにしました。 ペップカードを書くことの大きな利点は、相手のいいところを探すことだと思います。
子どもたち(年長組)から保護者へ	この年齢の子たちは、字が書けることを喜び、何か書いて手紙を渡したりすることがとても大好きです。それが自分の親だったら、さらにうれしさ倍増です。初めてペップカードの説明をした日、これを書くよと伝えたら「やったー！」「よっしゃーー！」「楽しそう！」の声がたくさん出ます。そして、みんなあっという間に書き終わり、その日に保護者へ渡しました。 渡す時のこどもの顔、もらう保護者の顔は言わずもがなですね。
保護者から子どもたちへ	子どもたちからもらったペップカードへの返事を書いてもらいました。親から子どもたちへも、なかなか感謝の言葉を伝えるのは照れ臭いものです。悩んだ方々もいらっしゃったでしょうが、とても素敵なペップカードが返ってきました。「〇〇ちゃん生まれてきてくれてありがとう」「いつも〇〇くんがいるお蔭で、家が明るくなります」、また「プッペ言葉を教えてくれて、ありがとう」などなど。この取り組みにより子どもたちの自己肯定感は相当上がっているのではないかと感じます。

『仕事して当たり前』という気持ちが強く自分の思いばかりを押しつけ、できなかったらその責任を相手に押しつけていました。

それがペップトークを実践するうちに『一緒に仕事してくれて、ありがとう！』という気持ちに変わりました。私ひとりでは、保育園は運営できません。『みんながややままえ保育園で働いてくれるからこそ、私も仕事ができるのだ！』と考えることによって、目の前で働いてくれている職員を見る目が大きく変化しました。

職員の存在を承認することによって、真剣に話を聴くことができるようになり、素直に共感できるようになりました。

職員からも、『園長先生の子どもたちを思う気持ち、よく伝わります』『私、この園に就職できて本当に良かったです。本当にいい環境で働かせてもらっています』と面談で言われるたびに、目頭が熱くなって、うれしい気持ちでいっぱいになります。

本当に心から感謝しております。最高のペップトーク『ありがとう』をこれからも伝え続けていきたいと思います」

あなたの「ペップトーカー度」をチェックしてみよう！

現時点であなたがペップトーカーに近いかをチェックしてみましょう。次の20個の質問に答えてＹＥＳの数を数えてみてください。直感的に答えていただいてかまいません。それではチェックしてみてください。

【ペップトーカー度チェックリスト】

- □自分には価値があると思う。
- □悪いところよりも良いところを先に相手に伝えるようにしている。
- □落ち込んでもすぐに切り替えて立ち直りが早いほうだ。
- □一緒にいると元気になるとよく言われる。
- □相手の話をよく聞くように心がけている。
- □自分自身が大好きである。

□「すみません」よりも「ありがとう」とよく言っている。
□マイナスな出来事もプラスにとらえるように意識している。
□あまり意識しなくても自然に相手を励ましている。
□相手の立場に立って話しかけることを意識している。
□自分の良いところを1分以内に10個以上言える。
□「～するな」よりも「～しよう」とよく言っている。
□うまくいかない時でも自分を許すことができる。
□夢の実現を本気で応援したい人がいる。
□人の成功を自分のこととして喜ぶことができるほうだ。
□自分で自分をよく励ましている。
□感情的というよりは情熱的に相手に伝えるようにしている。
□どちらかというとポジティブなほうだ。
□頑張っている人を見ると応援したくなる。
□短くわかりやすい言葉で相手に伝えることを意識している。

さて、何個YESになったでしょう？

■20－16個……もうすでにあなたはペップトーカーです！　この本の内容をもとにさらにパワフルでステキなペップトーカーを目指しましょう！
■15－11個……あと少しコツをつかめばペップトーカーです！　この本の内容を実践し素敵なペップトーカーを目指しましょう！
■10個以下……この本を手に取ったあなたはラッキーです。ペップトーカーとしての伸びしろが十分にあります。この本での気づきは、あなたの人生を大きく変えるでしょう。ぜひ楽しんで読み進めていきましょう！

これらの質問は、この本でお伝えしている内容の中でもとくに重要なものを挙げてみました。この本を読み終わった時、ペップトークを実践して1カ月後、3カ月後にもやってみてください。ペップトーカー度がどんどん上がっていきますので楽しみにしていてください。

ということで、次章からペップトークの実践的な部分について解説していきましょう。

第3章

ペップトークの基本「ポジティ語」

「ポジティ語」の基本コンセプトを理解しよう

ポジティ語とはすべてのペップトークの基本となるポジティブな言葉です。

日本では昔から言霊《ことだま》といって、言葉に宿っている不思議な力を信じてきました。ポジティ語にはポジティブな力が宿るわけです。またポジティ語はポジティブストロークといって受け取った人が気分がいいと感じる働きかけでもあります。

この章ではポジティ語を身につけ、ペップトーカーとして日々使う言葉の土台を築いていきましょう。

❶言葉が変わると気分が変わる

なぜ私たちが使っている言葉を変える必要があるのでしょうか？

それは言葉が変わると気分が変わるからです。私たちの心と体と言葉はつながっています。どういうことか実験してみましょう。両手を天井に向かって突き上げ、斜め45度に顔を上げ満面の笑みになってください。まずどんな気持ちになるでしょうか？

じっくりと味わってください。そして、こんな言葉を言ってみてください。

「もう、最低〜」

「めんどくさ〜い、やりたくない」

いかがでしょうか？　何か違和感を覚えませんでしたか？　つまり、このガッツポーズの姿勢、満面の笑みという表情＝体に対して、何かワクワクした感じ、楽しいという感情（＝心）が生まれた状態で、「最低」とか「めんどくさい」という言葉は似合わないわけです。

なぜ違和感を覚えるかと言えば、この姿勢・表情でこの言葉を言った経験がないので、姿勢・表情と言葉がセットになっていないからです。私たちはこれまでの体験から、**「心・体・言葉」**が、こういう場合にはこうと、脳の中に記憶されています。

【何かに成功した時】
心＝達成感・うれしい
体＝ガッツポーズ・満面の笑み
言葉＝やったー！・サイコー！

【何かに失敗した時】
心＝喪失感・悲しみ・悔しさ
体＝肩を落としてうなだれる・暗い表情
言葉＝もうダメだ・最低

さて、「心・体・言葉」の3つで、私たちが一番コントロールしづらいものはどれだと思いますか？

それは「心」です。どういうことかと言うと、「はい、ではウキウキしてください！」と突然言われても、すぐに心をウキウキさせることはできませんよね。しかし、ウキウキしている時の表情や姿勢をしてくださいと言われるとニコニコしたり、腕を小さく振ったりと「体」の状態を変えることができるし、ウキウキしている時になんて言っていますかと聞かれると、「楽しみ～」「早くこないかな」という「言葉」が出てきます。

ちなみにニコニコしながら（体）、「楽しみ～」と言い続けていく（言葉）と、ウキウキした気分（心）になってきますよね。

つまり、リーダーが心を良い状態に保って、いつも「ごきげん」な気分でいたほうがメンバーの力を引き出し、チームの成果を出せると思いませんか？

リーダーが不機嫌でイライラしているとメンバーはものすごく気を使います。顔色をうかがいながら仕事をすることになるので、言いたいことを言えなかったり、失敗することに恐怖を感じ、伸び伸びとチャレンジできなくなります。

イライラしたり、気分が落ちることは人間誰でもあります。しかしそこで**「言葉と体」のスイッチを押して「心」の状態をコントロールできる**ことが大切です。

使っている言葉によってパフォーマンスも変わります。

たとえば、重たいものを持ち上げる時に「絶対できる」と言いながら持ち上げるのと、「もうムリだ」と言いながら持ち上げるのとでは、絶対できるとポジティブな言葉を使ったほうが力が出ます。

講演では2人組で1人が肘《ひじ》を伸ばしたまま腕を90度持ち上げ、その状態を保ちます。もう1人が腕を押し下げようと力を加え力比べをします。腕を持ち上げている人に「絶対できる」や「ありがとう」と言ってもらいながら力を入れた場合と、「もうムリだ」や「疲れた」と言いながら力を入れる場合とを比較するのですが、多くの人は前者の言葉を使ったほうが力が出るのを感じてびっくりします。

【力を発揮しやすい言葉】

「絶対できる」

「ありがとう」

「サイコー」

「楽しい」

【力を発揮しづらい言葉】

「ムリだ」

「疲れた」

「めんどくさい」

「難しい」

❷言葉が変わると思い込みが変わる

私たちは誰でも「自分は◯◯な人間だ」という思い込みを持っています。いわゆるセルフイメージです。その思い込みはポジティブな思い込みとネガティブな思い込みがあります。

たとえば私の場合、ポジティブな思い込みは「元気で明るい」「行動力がある」、逆にネガティブな思い込みは「くじ運が悪い」「いつもギリギリ」です。

あなたは自分に対してどんな思い込みがありますか？　当てはまるものにチェックしてみてください。

【ポジティブな思い込み】

- **明るい**
- **行動力がある**
- **いつも元気**
- **やればできる**
- **笑顔がステキ**
- **積極的**
- **社交的**
- **やさしい**

・ポジティブ
・度胸がある
・じゃんけんが強い
・くじ運がいい
・晴れ男・晴れ女

【ネガティブな思い込み】
・暗い
・消極的
・自信がない
・人と話すのが苦手
・すぐ緊張する
・ネガティブ
・本番に弱い
・じゃんけんが弱い

・くじ運が悪い
・雨男・雨女

これもよく講演で体感していただきます。たとえば、2人組になって1人が手を体の後ろ側で組み、もう1人が組んだ手を下に向かって押します。体幹に力が入っていると体はまっすぐなままですが、体幹の力が抜けているとバランスを崩します。

これを声を出さずに「私は積極的だ」などポジティブな思い込みを持った時の自分を頭の中で思い出しながらバランスを保った場合と、「私は本番に弱い」などネガティブな思い込みを持った時の自分を思い出しながらバランスを保つ場合とで比較してみます。

すると多くの人が、ポジティブな思い込みを持った時の自分を思い出したほうがバランスを保つことができます。

つまり、ポジティブな思い込みを持った自分のほうがパフォーマンスを発揮しやすいということを表しています。これは物事にチャレンジする時に、どんな自分として臨むかがとても大事であるということです。

では自分に対する「思い込み＝セルフイメージ」はどうやってつくられるのでしょうか？

それは**「体験」**です。私たちは体験から学びます。旅行に行く時はなぜか晴れるという体験を多くしている人は、自分は晴れ男・晴れ女という思い込みを持ちやすく、くじがいつも外れるという体験をしている人は、自分はくじ運が悪いという思い込みを持ちやすくなります。

思い込み＝体験の強度×体験の頻度

と言ってもいいでしょう。つまり、本人にとって強烈な体験を1回するだけで、自分は◯◯な人間だという思い込みを持つ場合もあるでしょうし、小さな体験でも繰り返し繰り返し体験することによって思い込みを持つ場合もあるでしょう。

では、自分の持っている力を発揮しやすいポジティブな思い込みを保つにはどうしたらよいのでしょうか？

ポジティブな思い込みを持てるような成功体験を意図的につくれればいいのですが

そう簡単ではありません。しかし、私たちがもっともコントロールしやすいものの1つが言葉です。言葉の力を使って体験をつくるのです。

たとえば山田さんが、

「山田さんっていつもニコニコしているね」

「山田さんの笑顔ってステキだよね」

「山田さんがいつも笑っているから、この職場は明るくなるよ、ありがとう」

と言われたら何が起こるでしょう。

最初は半信半疑な山田さんも繰り返し言われるうちに、

「もしかしたら自分は笑顔がステキなのかも」

←

「きっと自分は笑顔がステキなんだ」

←

「自分は笑顔がステキだ！」

と確信に変わり、さらに笑顔が増え、また「笑顔がステキ」と言われる頻度が増えていくでしょう。1回1回の言葉がけの強度は小さくても、頻度が多い「体験」を積み重ねていくことで思い込みがつくられます。

さらに尊敬している上司や憧れの先輩に、「君の笑顔ってステキだね」なんて言われたら、体験の強度も大きくなるので頻度が少なくても思い込みがつくられます。そういう意味では「何を言うか」も大事ですし、「誰が言うか」も大事です。

相手にプラスになる思い込みを持ってもらいたければ、「ポジティブな言葉」をかけることがとても効果的です。これは相手に対してだけでなく、自分に対しても同じことが言えます。自分が伸ばしたい部分を毎日自分で言ってみるのです。

❸質問が変われば やる気が変わる

質問です。あなたが今先延ばしにしていることは何ですか？

たとえば「部屋の片づけ」「メールの返信」「報告書の作成」「領収書の整理」「歯の治療」など、やらなきゃと思いつつ、つい先延ばしにしてしまうことってありますよね。

そんな時に、次のように質問をされたらどうでしょう。1つひとつ答えてみてください。

【パターンA】

①先延ばしにしていることは何？　↓
②なぜ今までやらなかったの？　↓
③どうして今、それをやらないの？　↓
④先延ばしを続けるとどうなる？　↓
⑤じゃあ、なぜしないの？　↓

どんな気分になったでしょうか？　おそらく追い詰められて、渋々「わかりました。やればいいんでしょ」という気持ちになったのではないでしょうか？

たとえば、先延ばしにしていることが部屋の片づけだとします。

【パターンA】

①先延ばしにしていることは何？　↓　部屋の片づけ

②なぜ今までやらなかったの？
↓
片づけるのがめんどくさくて……

③どうして今、それをやらないの？
↓
だいぶ散らかっているので時間がかかるし

④先延ばしを続けるとどうなる？
↓
どんどん部屋が散らかっていっちゃう

⑤じゃあ、なぜしないの⁉
↓
そうだよね。片づけないといけないね

のようになったかと思います。では次のように質問されたらどうでしょうか？

【パターンB】

①先延ばしにしていることは何？
↓
（　　　　）

②本当はどうなればいい？
↓
（　　　　）

③そうなったらどんな気持ち？
↓
（　　　　）

④すでに少しでもできていることは？
↓
（　　　　）

⑤使える道具、助けてくれる人は？
↓
（　　　　）

⑥何から始める？
↓
（　　　　）

今度はどんな気分になったでしょうか？　おそらく「よしやるぞ！」という気持ちになったのではないでしょうか？　先ほどの片づけの例では、

【パターンB】

①先延ばしにしていることは何？　↓　**部屋の片づけ**

②本当はどうなればいい？　↓　**机の上に何もなくて、本は整理整頓されて、床はピカピカ**

③そうなったらどんな気持ち？　↓　**毎日、スッキリしてやる気が出そう**

④すでに少しでもできていることは？　↓　**本棚の一番上の段は本がそろっているし、机の引き出しの中もわりときれい**

⑤使える道具、助けてくれる人は？　↓　**掃除機もゴミ袋もあるし、子どもに言ったら一緒に手伝ってくれるかも**

⑥何から始める？　↓　**じゃあ、まず机の上から片づけようかな**

のようになります。パターンAはプッペな質問、パターンBはペップな質問の例です。プッペな質問とペップな質問には、どのような違いがあるのでしょうか？
パターンAはできていないこと、つまり足りない部分にフォーカスしています。

①先延ばしにしていることは何？
②なぜ今までやらなかったの？　←マイナスの過去に関する原因追及質問
③どうして今、それをやらないの？←マイナスの現在に関する原因追及質問
④先延ばしを続けるとどうなる？　←マイナスの未来の状態を引き出す質問
⑤じゃあ、なぜしないの⁉　←質問の形を取っているが、ほぼ行動の強要

②③で過去、現在とやっていないことを責められ、罪悪感を感じたうえに、④でこのままいったらどうなるかわかっているよね、⑤でだったらやらなきゃねと追い詰められていく感覚になっていきます。イメージで言うとボコボコに殴られてコーナーに追い詰められ、最後にやりますと無理やり言わされている感じです。
最終的には「しょうがない、やらなきゃ」という気持ちになるわけです。
パターンBはうまくいった未来のイメージと、今できていること、今あるものに

フォーカスしています。

①先延ばしにしていることは何？
②本当はどうなればいい？
③そうなったらどんな気持ち？
④すでに少しでもできていることは？
⑤使える道具、助けてくれる人は？
⑥何から始める？

←**プラスの未来の状態を引き出す質問**
←**プラスの未来での感情を引き出す質問**
←**現在すでにできていることに気づく質問**
←**現在すでにあるものに気づく質問**
←**これからの行動を引き出す質問**

②③では未来の理想の状態とその時の感情をイメージし、④でできていること、⑤で今あるものに気づき、⑥で初めの一歩の行動を引き出しています。イメージで言うと山に登り終えた時の景色や達成感を味わい、山に登るための装備や一緒に行く人を確認し、まずは最初の一歩を踏み出そうと励まされている感じです。

最終的には「やりたい、よしやるぞ！」という気持ちになります。

人のやる気は、大きく分けると2つのことによって生まれます。

マイナスの未来を避ける
プラスの未来を手に入れる

パターンAはマイナスの未来を避けるような質問で、導き出されたやる気は「しょうがない、やらなきゃ」であり、パターンBはプラスの未来を手に入れるための質問で、導き出されたやる気は「やりたい、よしやるぞ!」です。

「しょうがない、やらなきゃ」と言ってやるのと、「やりたい、よしやるぞ!」と言ってやるのとでは、どちらのほうが物事がうまくいきそうだと思いますか?

やる気を引き出すペップな質問のポイントは3つあります。

1. ビジョン(行き先)
2. リソース(持ち物)
3. プロセス(道のり)

なぜこの3つかというと、人がやる気になるのは、
1．自分が目指す場所、行き先がクリアになりありありとイメージできた時
2．今置かれている状況を把握し、持っているもの、あるものを認識できた時
3．行き先へのステップが、適度な大きさで達成感を得ながら進めると思った時
だからです。

人が何かを成し遂げようとする時、私たちはまずは行き先つまりゴールイメージ＝ビジョンを描きます。成し遂げた時の状態をありありとイメージします。それが10点満点の状態です。

大事なことは、できるかできないかは、いったん置いておくことです。**一度できたと仮定して満点の状態**を描ききります。

次に現状を把握します。「リソース（持ち物）」と表現しましたが、たとえば、富士山に登りたいと思ったとします。

まだその時点では登りたいと思っただけで行き先のイメージは明確ではないかもしれません。そこで山頂に着いた時、どんな景色が見えるか、どんな音が聞こえるか、

どんな気持ちになっているかなどを質問して引き出し、五感を総動員して達成した状態をイメージします。

これを「ビジョン」と呼びますが、達成した時の状態が映像のように浮かんできます。この時点で「これをぜひ達成したい！」というワクワクした気持ちになるでしょう。このワクワクした状態を10点満点とします。

私たちは、この時点では自分の今の状態は0点からスタートすると思っているかもしれません。0点から10点の状態までいこうとすると道のりは遠く感じられ、ワクワクするけれどやっぱり無理かもしれないと思ってしまうかもしれません。

そこで次にリソースを明確にします。質問によってもうすでにできていること、すでにあるものを引き出していきます。

たとえば、ほかの山に登った経験、普段から歩いて運動していること、昔買った山登りの道具、一緒に富士山に登る仲間などです。富士山に登ろうとする理由も入れてもいいかもしれません。

こういった今の自分にあるものを認識することで、実は0点からのスタートではなく、もうすでに途中までできていると感じることができると、よしやってみようと思う

【人のやる気を引き出す３つの質問】

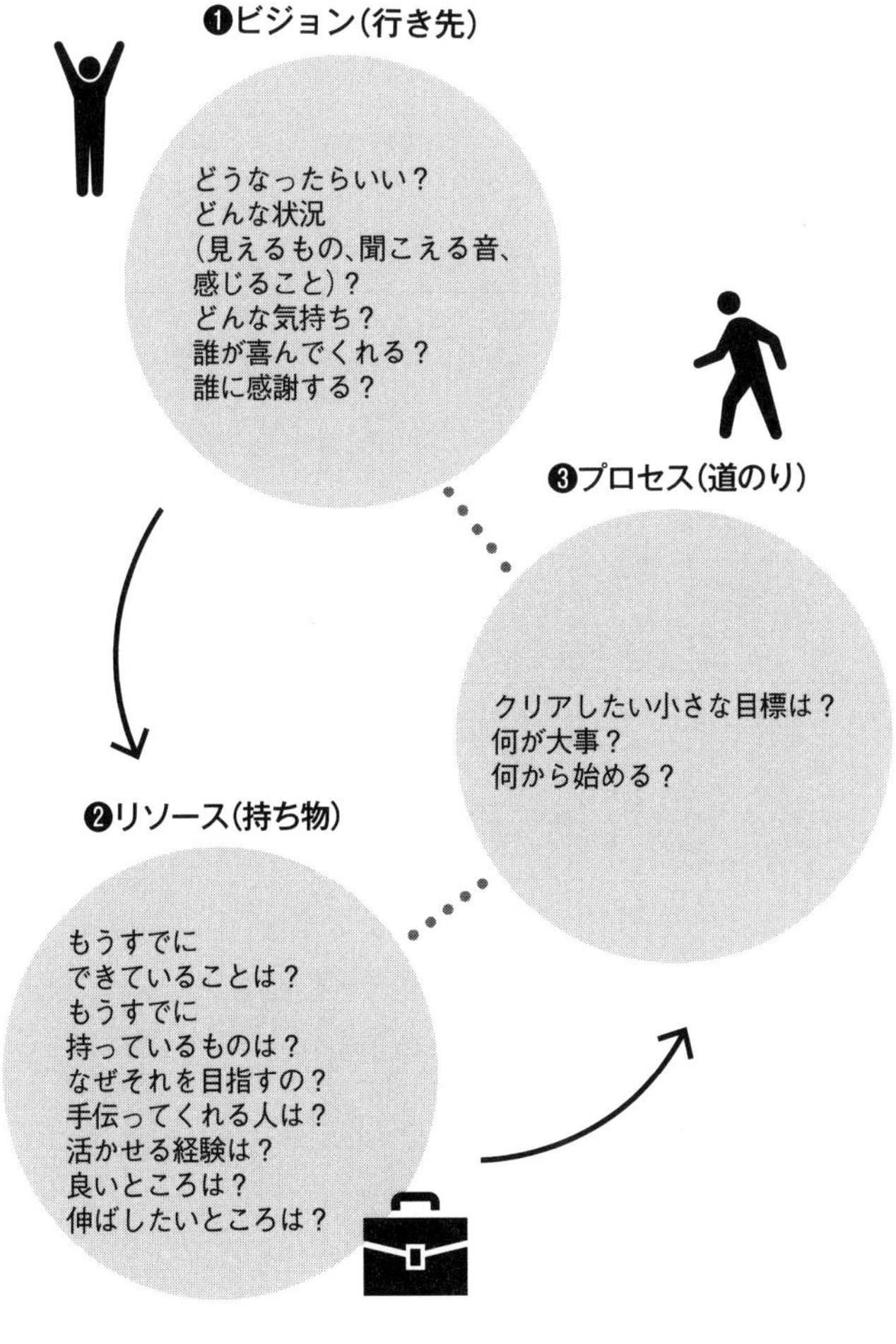
❶ビジョン（行き先）
どうなったらいい？
どんな状況
（見えるもの、聞こえる音、
感じること）？
どんな気持ち？
誰が喜んでくれる？
誰に感謝する？
❸プロセス（道のり）
クリアしたい小さな目標は？
何が大事？
何から始める？
❷リソース（持ち物）
もうすでに
できていることは？
もうすでに
持っているものは？
なぜそれを目指すの？
手伝ってくれる人は？
活かせる経験は？
良いところは？
伸ばしたいところは？

わけです。

ここでは仮に4点くらいまできているとしましょう。そして、4点からスタートして10点までの道のりを進んでいくわけですが、ここでもやる気を引き出すために達成可能な小さなステップを引き出します。

たとえば、5点の状態はどんな状態で、5点に近づくためにすぐできる小さなアクションを決めてみます。こうすることで「これならできる」という気持ちになり、やる気を高めることができるのです（次ページ参照）。


いかがでしょうか。質問のパワーに少しずつ気づいてきたのではないでしょうか。

ここで、質問を変えることでやる気を引き出した事例を3つ見ていきます。

ある機械メーカーで、エンジンの開発をするエンジニアのチームが、会社の方針で従来のエンジンよりサイズをかなりコンパクトにするという難しい課題を突きつけられました。

エンジニアたちは、「なんでこんなことしなきゃいけないんだ」「どうしてこんな無理なことやれって言うんだ」と言ってやる気を失っていました。

【ビジョン・リソース・プロセスの道のり】

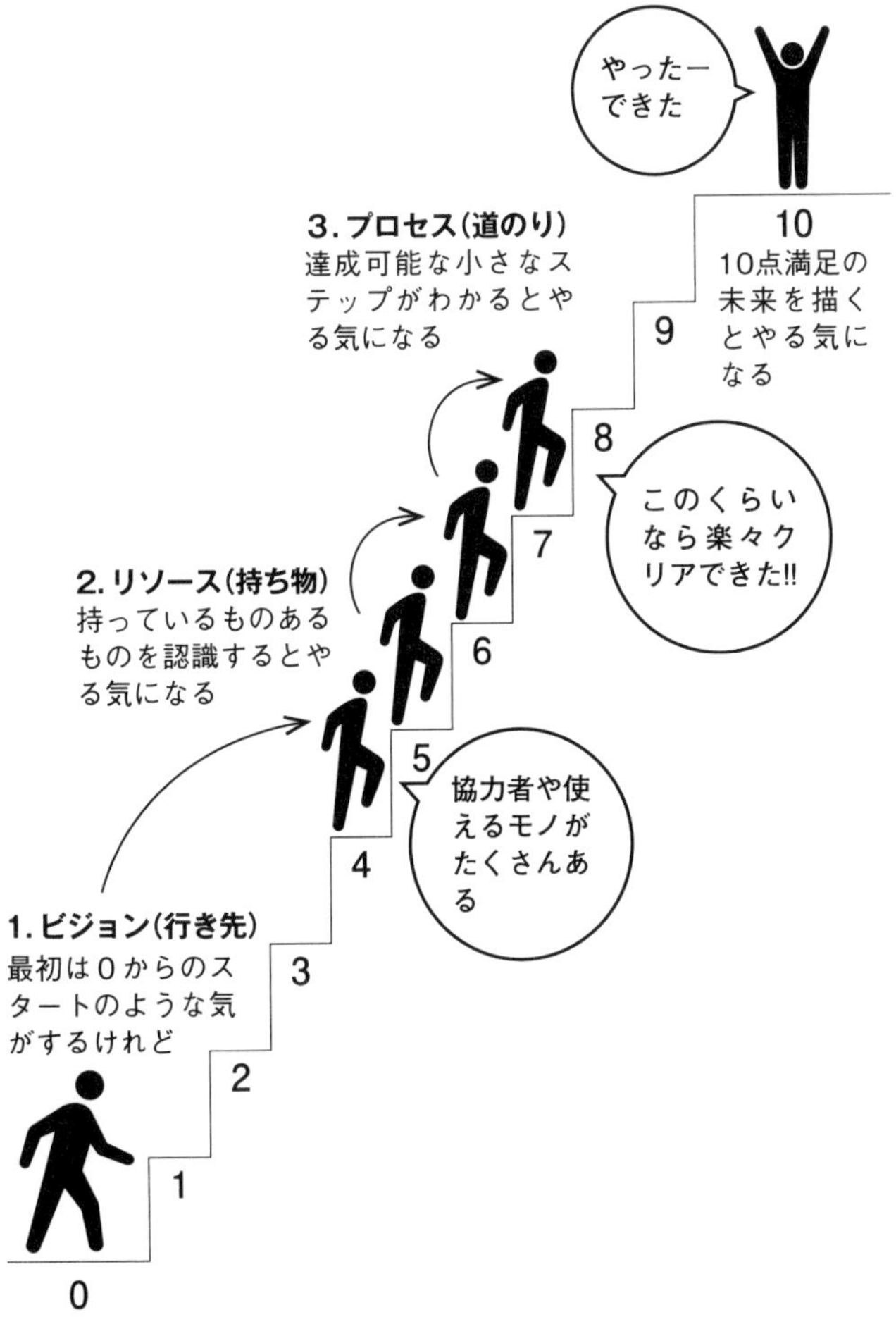

そこでリーダーが、「もしこれができたらどんなことが起こるだろう？」という質問を投げかけたのです。するとエンジニアたちは、「これができたら世界初だ！」「これを最初にやった俺たちはすごい！」という言葉を口にするようになり、今までの重い雰囲気から一気にやる気が高まりました。

ある少年野球チームの話です。

楽しみにしていた合宿で興奮した子どもたちは靴を脱ぎ散らかすは、道具は放り投げておくは、と散々なありさまです。以前ならコーチは、「なんで脱ぎ散らかすんだ？」「どうしてちゃんと並べないんだ？」という言い方をしていました。

でも、子どもたちは何度言ってもなかなか片づけないので、最後には怒って「片づけないと野球させないぞ」という言葉で、無理やり片づけさせていました。

しかしこの質問の力を知ったコーチは質問の仕方を変えたところ、子どもたちは自主的にきれいに靴を並べ、道具を整理整頓したそうです。

さて、どんな質問をしたと思いますか？　答えは、

「強いチームだったら、靴はどうやって並べると思う？」

「日本一のチームだったら、道具はどうやって片づけると思う？」

でした。

また、ある幼稚園でお弁当の時間になり、園庭で遊んでいた子どもたちに保育士さんが「昼ごはんの時間ですよ」と言うと、子どもたちは遊んでいたおもちゃを園庭に置いたまま部屋に戻ろうとします。

保育士さんは「なんでおもちゃを片づけないの？」「どうしてそのまま置いてくるの？」と言いますが、子どもたちは聞く耳を持ちません。しょうがなく保育士さんは自分たちで園庭に散乱したおもちゃを片づけていました。

しかし、そこで保育士さんが質問を変えたところ、子どもたちはわれ先にとおもちゃを片づけて保育士さんのところに来るようになりました。

さて、どんな質問をしたと思いますか？　答えは、

「誰が一番最初に片づけられるかな？」

でした。

このように質問が変わると出てくる答えが変わったり、相手のやる気を引き出すことができるのです。

❹質問が変わると未来が変わる

自分が叶えたい夢やゴールの実現に向けて行う「ヒーローインタビュー」というのがあります。夢が叶ったという前提で、インタビュアー役の人から次のような質問をしてもらうのです。

インタビュアー役の人は少しテンションを上げて、目の前のヒーローをすごい人という尊敬の気持ちを込めて質問していきます。インタビューを受けるヒーロー、ヒロインの人はノリノリで答えていきます。

「おめでとうございます！

①今回どんな夢が叶いましたか？

②今の状況を詳しく教えてください。
③どんなきっかけでその夢を持ったんですか？
④夢を叶えるためにどんなことを頑張りましたか？
⑤途中どんな困難がありましたか？
⑥その時どんな言葉で自分を励ましましたか？
⑦そして、なぜあきらめなかったのですか？
⑧夢を叶えるために誰がどんな協力をしてくれましたか？
⑨その人にどんな言葉で感謝を伝えますか？
⑩夢を実現するために、あなたは何を大切にしてきましたか？
⑪あらためて今どんな気持ちですか？
⑫次の夢はどんな夢ですか？

〇〇さんなら必ずできます。応援しています。ありがとうございました！」

これを2人組で交代しながらやってみてください。

実はこのインタビューは、居酒屋「てっぺん」の創業者、大嶋啓介さん主催の合宿で私が行ったものです。まったく本を書く予定のなかった私は、インタビューで「1000人の出版記念講演会を2017年10月に行い、家族や仲間に感謝を伝える」と答えました。

未来に起こってほしい出来事を言葉にし、先にお祝いすることを予祝《よしゅく》と言いますが、このおかげでその4カ月後、前著『たった1分で相手をやる気にさせる話術 ペップトーク』が出版され、書店に並んでいました（このエピソードは、ひすいこたろう・大嶋啓介著『前祝いの法則』〈フォレスト出版〉でも紹介されています）。

このことは第2章で紹介したサイコ=サイバネティクスでも説明がつきます。言葉により自動成功メカニズムにスイッチが入ったのです。

さらに、このヒーローインタビューをアレンジして第1章で紹介した旗の台クラブの大矢監督に、決勝戦当日の朝、電話で優勝監督インタビューをしました。

「優勝おめでとうございます！

①優勝した今どんな気持ちですか？
②今日の試合のポイントは何でしたか？
③今回ペップトークを取り入れたということですが、なぜやってみようと思ったんですか？
④実際やってみてのご苦労などもあったかと思いますがいかがですか？
⑤指導者や子どもたちはどのように変わりましたか？
⑥これまで誰がどんな協力をしてくれましたか？
⑦どんな言葉で感謝を伝えますか？
⑧優勝するためにチームで何を大切にしてきましたか？
⑨あらためて今どんな気持ちですか？
⑩次の夢はどんな夢ですか？

おめでとうございます！　優勝した旗の台クラブの大矢監督でした〜」

大矢監督は決勝戦前にもうすでに優勝のイメージを完全に描ききり、その時の感情を味わい感動していました。

このように質問をすることで、人のやる気に火をつけることができるのです。

ポジティブ語変換してみよう

では実際に、普段使っている言葉を変換するコツをつかんでいきましょう。

言葉の変換には、「とらえかた変換」と「してほしい変換」があります。

❶とらえかた変換〜人の印象編〜
❷とらえかた変換〜状況編〜
❸してほしい変換

❶とらえかた変換〜人の印象編〜

私たちは人に対するとらえかたを言葉で表します。たとえば、あの人って、

・すぐキレる
・ネガティブだ
・口うるさい
・ルーズ
・理屈っぽい
・ケチ

って思う場合がありますよね。人は体験から学ぶので、あなたがその人をそうとらえるようになるために十分な強度と頻度の体験があったのでしょう。ここでペップトーカーとしてはポジティ語変換してみるのです。方法は「よく言えば」という言葉を言ってみるのです。たとえば、

・すぐキレる　↓　**（よく言えば）**　↓**情熱がある、熱心だ**

・ネガティブだ↓（よく言えば）↓リスク管理ができている
・口うるさい↓（よく言えば）↓よく気がつく
・ルーズ↓（よく言えば）↓おおらか
・理屈っぽい↓（よく言えば）↓論理的
・ケチ↓（よく言えば）↓堅実

このポジティ語への変換を、私たちは「とらえかた変換」と呼んでいます。これまで、このとらえかた変換のワークをたくさんの人にやっていただきましたが、「すぐキレる」を一番面白くとらえかた変換した人は、「すぐキレる↓感情に瞬発力がある」です。ユーモアのセンスも抜群ですね。

こんなふうに相手に対するとらえかたを言葉レベルで変えてみるのです。すると不思議なものですぐキレて苦手だなと思っていた相手も感情に瞬発力があって、熱心で、情熱的なんだととらえ直すと接し方も変わってくるものです。ぜひチャレンジしてみましょう！

問題 とらえかた変換（人の印象編）

スポーツ

ネガティ語	ポジティ語
リーダーシップがない →	
本番に弱い →	
自己中心的 →	
なかなか上達しない →	
ミスが多い →	

教育・子育て

ネガティ語	ポジティ語
夏休みの宿題ギリギリ →	
三日坊主 →	
反抗的 →	
ルーズ →	
感情を出さない →	

ビジネス

ネガティ語	ポジティ語
計画性がない →	
頭が固い →	
上から目線 →	
理屈っぽい →	
ネガティブ →	

解答例 とらえかた変換（人の印象編）

スポーツ

ネガティ語	ポジティ語（解答例）
リーダーシップがない	→ 協調性がある、縁の下の力持ち
本番に弱い	→ 練習頑張っている
自己中心的	→ 自分の軸を持っている
なかなか上達しない	→ 大器晩成型
ミスが多い	→ 伸びしろがある

教育・子育て

ネガティ語	ポジティ語（解答例）
夏休みの宿題ギリギリ	→ 瞬発力がある、集中力がある
三日坊主	→ 3日も続けることができる
反抗的	→ 自分を認めてとアピールしている
ルーズ	→ おおらか
感情を出さない	→ 自分の中でじっくり感じるタイプ

ビジネス

ネガティ語	ポジティ語（解答例）
計画性がない	→ 行動力がある、土壇場で力を発揮する
頭が固い	→ 自分の考えを持っている、熟考型
上から目線	→ 自信がある、指導が得意
理屈っぽい	→ 論理的、戦略的
ネガティブ	→ リスク管理ができている

❷とらえかた変換〜状況編〜

私たちは毎日さまざまな状況に遭遇します。とくにネガティブな感情になってしまう状況に遭遇した時こそ、とらえかたを変えていくチャンスです。

・ついてないな
・めんどくさいな
・難しい
・大変だ
・無理だ
・苦手だな

と思ってしまう状況ってありますよね。たとえば、

・交通事故で入院　↓ついてないな
・クレームの電話だ↓めんどくさいな
・提出期限ギリギリ↓無理だ

のように状況が感情を引き起こします。

もちろん、ついてないな、めんどくさいな、無理だという感情のままその状況に対処してもいいのですが、これらの感情のまま対処してもパフォーマンスが上がりません。なぜこのような感情になるのかというと、状況と感情の間に**「なんで・どうして思考」**が働いているからです。

・交通事故で入院した↓（なんで・どうして）↓ついてないな
・クレームの電話だ　↓（なんで・どうして）↓めんどくさいな
・提出期限ギリギリ　↓（なんで・どうして）↓無理だ

ペップトーカーとしては、この状況で**「ありがとう・それはよかった思考」**を働かせます。このような状況に陥った時、とりあえず「ありがとう」とか「それはよかった」と言ってみるのです。

・交通事故で入院した↓**（ありがとう・それはよかった）**↓［　　］
・クレームの電話だ　↓**（ありがとう・それはよかった）**↓［　　］
・提出期限ギリギリ　↓**（ありがとう・それはよかった）**↓［　　］

事故で入院したのに、「なんで、ありがとうと言わなくちゃいけないんだ」と思ったあなたは、さっそく「なんで・どうして思考」が働いています。

事故で入院したことは、たしかについていないことかもしれませんが、入院してよいことも探せばあるはずです。そういうとらえかたで考えてみると、

・交通事故で入院　→**（ありがとう・それはよかった）**→**本を読む時間ができた**

そう、「ありがとう・それはよかった」という言葉は、発想を逆転するためのスイッチを入れる言葉なのです。同様に「ありがとう・それはよかった思考」で発想を逆転するスイッチを入れてみると、

・クレームの電話だ　→**（ありがとう・それはよかった）**→**サービス改善のチャンス！**
・提出期限ギリギリ　→**（ありがとう・それはよかった）**→**集中力が鍛えられる**

と、とらえかたを変え、ポジティブな感情で状況に対処することができるのです。

問題 とらえかた変換(状況編)

スポーツ

ネガティ語	ポジティ語
練習がキツイ →	
対戦相手がメチャクチャ強い →	
ケガで試合に出られない →	
ノーアウト満塁のピンチ →	
試合で負けた →	

教育・子育て

ネガティ語	ポジティ語
初めてのことで不安 →	
走らないと学校に遅刻する →	
夏休みの宿題が 終わらない…… →	
試験で緊張している →	
模試でD判定、 合格確率30%以下 →	

ビジネス

ネガティ語	ポジティ語
仕事を無茶ぶりされた →	
単純作業はつまらない →	
お客様からクレームがきた →	
大失敗しちゃった →	
宴会芸をやるの嫌だな →	

❸してほしい変換

いきなりですが、「鮮やかな黄色のみずみずとした果汁たっぷりのレモン」という言葉を聞いたら、あなたの中に何が起こりますか？

おそらく、果汁が今にも弾けそうな酸っぱいレモンをイメージし、口の中も酸っぱくなり、唾液が出てきていることでしょう。

私たちの脳は言葉を投げかけられた瞬間に、過去の膨大な数の体験をもとに、イメージを思い浮かべます。イメージを思い浮かべるだけでなく、そのイメージから心や体の反応が引き起こされるのです。

言葉→イメージ→心・体の反応

という連鎖です。

つまり、どんな言葉を投げかけるかによって、相手の頭の中のイメージが変わり、そのイメージが違った現実に向かって走り出すのです。

解答例 とらえかた変換（状況編）

スポーツ

ネガティ語	ポジティ語（解答例）
練習がキツイ	筋肉が喜んでいる、日本一の練習量！
対戦相手がメチャクチャ強い	俺たちの強さを証明するチャンス！
ケガで試合に出られない	チームに違う形で貢献しよう
ノーアウト満塁のピンチ	乗り切ったらカッコいい
試合で負けた	課題が見つかる、悔しさをバネにしよう

教育・子育て

ネガティ語	ポジティ語（解答例）
初めてのことで不安	チャレンジしてる、毎日新鮮
走らないと学校に遅刻する	体力がつく、足が速くなるチャンス
夏休みの宿題が終わらない……	集中力が鍛えられる
試験で緊張している	本気で頑張ってきた証拠
模試でD判定、合格確率30%以下	70%も伸びしろがある、合格したら大金星

ビジネス

ネガティ語	ポジティ語（解答例）
仕事を無茶ぶりされた	腕の見せどころ、瞬発力を鍛えるチャンス
単純作業はつまらない	どうやったら早く終わるか工夫しよう
お客様からクレームがきた	もっといいサービスにするチャンス
大失敗しちゃった	ネタになる
宴会芸をやるの嫌だな	新しい自分を発見するチャンス

私たちは相手に指示やお願いをするときに、

してほしくないこと＋否定形

で伝えることがよくあります。

では次の言葉を10回言ってみましょう。

「レモンをイメージするな」

では、次の言葉も10回言ってみましょう。

「レモンをイメージしよう」

どうでしょう。どちらもレモンのイメージが頭から離れなかったのではないでしょうか？

次の言葉を10回言ってみましょう。

「ミスするな」

では、次の言葉も10回言ってみましょう。

「ミスしよう」

どうでしょう。どちらもミスのイメージが浮かんできたのではないでしょうか？

たとえば、「ミスするな」という言葉は「ミス」＋「するな」のように、「してほしくないこと＋否定形」の形になっています。

レモンの例のように、私たちは「ミス」という言葉を耳にした瞬間、過去の体験の中からミスした場面を検索し、頭の中にイメージします。それはまるでグーグルの画像検索のように、頭の中はミスのイメージでいっぱい。たとえミスのあとにくる言葉が「するな」という否定形の言葉であっても、「しよう」という肯定形の言葉であっても、成功のイメージをすることは難しいのです。

　であれば、私たちが相手に指示するときに何げなく使っている「～するな」という表現を「～しよう」という表現に変えていったほうが、相手にうまくいくイメージを描いてもらうことができるのです。


　看護学校の先生、あいさんのお話をしましょう。毎年行われる実習では120人の看護学生が病院にお世話になります。その時に毎年5、6人が遅刻するそうです。遅刻すると受け入れ先の病院の業務にも支障が出るため先生も必死です。

「去年は5人、遅刻者がいました。今年は絶対に遅刻しないように」と口酸っぱく言っていたのです。すると案の定、5、6人が遅刻します。まさに遅刻のイメージがインプットされたのでしょう。

　ペップトークで「してほしい変換」を学んだあいさんは、さっそく実践してみました。

・遅刻しないように　↓　［　　　　　　］

するとその年は遅刻する学生は０人でした。さて何という言葉を学生たちに言ったのでしょうか？

あいさんは、

・遅刻しないように　↓　**余裕を持って来てください**

と言ったのです。このように私たちリーダーが投げかける言葉によって相手のイメージが変わり、行動が変わるきっかけとなるのです。「遅刻しないように」の「してほしい変換」は、ほかにも「早く起きよう」「早く家を出よう」「10分前集合で」など、いろいろなバリエーションがあります。

問題　してほしい変換

スポーツ

ネガティ語	ポジティ語
高めのボールに手を出すな！ →	
ミスするな →	
あきらめるな →	
負けたらグランド10周だぞ →	
ゴール決めなかったら レギュラー外すぞ →	

教育・子育て

ネガティ語	ポジティ語
廊下を走るな →	
遅刻するな →	
忘れ物するな →	
ぼーっとするな →	
勉強しないと試験落ちるよ →	

ビジネス

ネガティ語	ポジティ語
何度も同じこと言わせるな →	
言い訳ばかりするな →	
勝手なことするな →	
契約逃すなよ →	
プレゼン緊張するなよ →	

解答例 してほしい変換

スポーツ

ネガティ語	ポジティ語（解答例）
高めのボールに手を出すな！	低めのボールを狙っていこう！
ミスするな	落ち着いてプレーしよう
あきらめるな	やり続けよう、やりぬこう
負けたらグランド10周だぞ	勝ったらどんな気分か 想像してみよう
ゴール決めなかったら レギュラー外すぞ	チャンスがきたら 思い切ってシュートだ

教育・子育て

ネガティ語	ポジティ語（解答例）
廊下を走るな	ゆっくり歩こう
遅刻するな	時間に余裕を持って、 10分前集合
忘れ物するな	持ち物確認しよう、 ●●を持って
ぼーっとするな	集中していこう
勉強しないと試験落ちるよ	しっかり準備して 試験に備えよう

ビジネス

ネガティ語	ポジティ語（解答例）
何度も同じこと言わせるな	どうやったら 改善できるか考えよう
言い訳ばかりするな	正直に報告して
勝手なことするな	事前に相談してくれ
契約逃すなよ	お客様に喜んでもらおう
プレゼン緊張するなよ	成功をイメージして 楽しんでこい

「ポジティブ＝ペップ」とは限らない

ここまでは、ポジティブな言葉が私たちに与える影響やネガティブな言葉をポジティブな言葉に変換する方法について見てきました。

ここで１つ覚えておいていただきたいことがあります。それは「ポジティブな言葉＝ペップトーク」「ネガティブな言葉＝プッペトーク」とは必ずしも言えないということです。

縦軸にポジティブvsネガティブ、横軸にペップvsプッペという２軸でマトリックスをつくってみます（次ページ参照）。

①ポジティブでペップな言葉
②ネガティブな言葉なのに、相手をやる気にさせるペップな言葉
③ポジティブな言葉なのに、相手のやる気をなくすプッペな言葉
④ネガティブでプッペな言葉

【ポジティブvsネガティブな言葉でもとらえかたは違う】

	ペップ	プッペ
ポジティブ	①ポジティブでペップな言葉	②ポジティブな言葉なのに、相手のやる気をなくす言葉
ネガティブ	③ネガティブな言葉なのに、相手をやる気にさせる言葉	④ネガティブでプッペな言葉

「ポジティブな言葉」とは、肯定的、プラスの言葉
「ネガティブな言葉」とは、否定的、マイナスの言葉

「ペップな言葉」とは、前向きな気持ちにさせる、やる気にさせる言葉
「プッペな言葉」とは、後ろ向きな気持ちにさせる、やる気をなくす言葉

一般的に表現がポジティブかネガティブかという視点、言葉を受け取った人がどんな気持ちになるかという視点で言葉を分類します。

なぜこのようなねじれが起きるかというと、ペップかプッペかを決めるのは言葉を受け取る側だからです。それを決める要因は大きく分けて、**❶信頼関係、❷精神状態、❸環境・経験・立場**の3つです。

❶信頼関係

普段メンバーの話をまったく聞かず、努力も見ず、メンバーとの信頼関係を築けていないリーダーが、大事なプレゼン直前のメンバーに「君ならできる」と言うとします（図②の場合）。

この場合、言葉だけ見るとポジティブですが、メンバーからすると「何が『君ならできる』だ。何も知らないくせに無責任だ」となり、やる気をなくしたり、後ろ向きな気持ちになったりすることがあります。

普段からメンバーの面倒を本当によくみて、一緒に苦楽をともにしてきているリーダーが、凡ミスをしてしまったメンバーに対して「何やっているんだ、全然ダメじゃないか」と言うとします（図③の場合）。

この場合、言葉だけ見るとネガティブですが、メンバーからすると「リーダーも本気で言ってくれているんだ」となり、やる気になったり、前向きな気持ちになったりすることもあります。

❷精神状態

メンバーがものすごく頑張っているけれどもうまくいかず、もういっぱいいっぱいになっています。そんな時にリーダーが「頑張れ」という言葉をかけるとどうでしょう（図②の場合）。

この場合、言葉だけ見るとポジティブですが、いくら信頼関係があったとしてもメンバーからすると「もうリーダー、もうこれ以上頑張れません」とやる気をなくしたり、後ろ向きな気持ちになるかもしれませんね。

❸環境・経験・立場

たとえば、「アホ」という言葉を言われた時、多くの関東の人は「けなされた」ととらえ、多くの関西の人は「おいしい」ととらえる傾向にあります。

「ヤバい」という言葉も、世代によって「良くない状況だ」ととらえたり、「すごく良い」という意味でとらえたりします。また野球の試合で、あと1人を抑えるとゲームセットという場面で「あと1人！」のコールがかかる場合がありますが、自分のチーム（守備側）にとっては応援の言葉ですが、相手チーム（攻撃側）にとってはプレッシャーをかける言葉になります。

いずれにしてもペップトーカーとしては、自分が発する言葉を相手がどのようにとらえるかによってペップにも、プッペにもなりうるということを理解しておく必要があります。相手をしっかりと理解できる関係性だからこそペップトークが機能するとも言えるのです。

実践事例

現場で実践！　ポジティ語変換ゲーム

Nさんは、大手メーカーの営業部門で営業企画を担当している総合職の30代女性です。ペップトークの本で興味を持ち、セミナーでペップトークを学びました。学んだ直後は、職場のプッペトーカーのネガティブな会話には加わらず聞き流していましたが、それでは状況は変わらず、我慢している自分のストレスが溜まるばかり。

プッペトークは、誰かを吊るし上げてついつい会話が盛り上がりがち。

「どうにかしてプッペトークの火種を消したい」

そう思った彼女は、頑張って自分ひとりでポジティィ語を使ったり、相手にペップトークをしてみたりしましたが、周りのネガティィ語やプッペトークにかき消されてしまいます。

せっかく前向きな言葉がけを実践しているのに効果がなかなか出ず、職場の雰囲気も変わりません。

それならペップトークを知ってもらおうと「ペップトークって、知っていますか？誰でも使える励ましの技術があるんですよ」と話題を振ってみました。しかし、「勉強家だねぇ」と、みんななかなか興味を示しません。

そこでNさんが思いついたのが、**「ポジティィ語変換ゲーム」**でした。

相手のネガティィブな言葉をポジティィブに変換して、自然とペップな会話に導いていくゲームです。

【トーク例①】すぐ腹を立てる上司に対して

上　司：あいつ、この間送ったメールの返信、全然よこさないな。簡単な返事にどんだけ時間がかかってるんだ!?
Nさん：○○さん、今、お仕事が立て込んでいるんですかね？
上　司：知らないよ。
Nさん：お電話して確認してみますね。
上　司：あぁ、よろしく（電話で確認）。
Nさん：○○さん、体調崩されて、先週からお休みされているそうです。
上　司：マジで!?　知らなくて、さっきあんな言い方してしまったよ……。

以前なら「この上司、ホント小さい男だな」と心の中で思っていたNさんでしたが、今起きている事実にフォーカスする視点を持ってもらうように言葉がけをするようにしました。
この上司は、Nさんとの会話をきっかけに、何か腹が立つことがあっても、まずは落ち着いて状況確認をするようになったのです。

【トーク例②】何でもとりあえず文句を言う先輩に対して

先　輩：うちの社食メニュー、薄味で不味いんだよ。

Nさん：普段から美味しいものたくさん召し上がっているから違いがわかるんですね！

先　輩：そうかな？

Nさん：そうですよ！

先　輩：たしかに、味が濃いのが好きなんだよ♪　家系ラーメンとか毎日でも食べられるし。

以前なら「文句ばっかり言ってないで」と言っていたNさんですが、このような「とらえかた変換」を続けていくうちに、先輩の文句が減ってきました。

【トーク例③】 仕事が進まなくて気持ちが萎えている同僚に対して

同　僚：取引先の担当者が「法律や会社のルールで決まってるからできない」って融通が利かないから、交渉するのがめんどくさいんだよ。

Nさん：そうだよね。たしかにめんどうって感じるよね。きっといろんなことを想定して、リスクマネジメントする方なんだね。

同　僚：99・9％起こるはずのないことまで想定してたら、何も前に進まないよ。

Nさん：たしかにそうだね。無理やり進めようとすると相手も頑《かたく》なに拒否するだろうし。「私たちもさまざまなリスクを想定して法律に沿ったやり方を探していて、あともう一歩のところで突破できそうなんです。ぜひ力を貸してくれませんか？」と味方になってほしいことをアピールして交渉してはどうですか？

同　僚：下手に出るみたいで気乗りしないよ。

Nさん：じゃあ、役割分担しましょう！　交渉の取っかかりは私がやるので、担当者への案件説明をお願いできますか。

同　僚：OK。案件説明は自分がやるよ！

以前なら「とにかくやるしかないでしょ」と尻を叩《たた》いていたNさんですが、相手の気持ちをいったん受け入れ、とらえかたを変え、一緒にできる行動を提案することで同僚のやる気を引き出すことができました。

この「ポジティ語変換ゲーム」を続けていった結果、不平不満や悪口が多かった職場が、明るい話題で盛り上がることが増え、ネガティブな発言が悪目立ちするようになり、自然とプッペトークの火種が消えていきました。

第4章

たった5秒で自分を励ます「セルフペップトーク」

まずは自分を元気にする「セルフペップトーク」

私たちはよく、講演で「あなたが励ましたい人は誰ですか？　5人挙げてください」という質問をします。あなたも励ましたい人を5人挙げてみてください。

1人目.
2人目.
3人目.
4人目.
5人目.

こんな質問をすると多くの人は、家族、友人、職場の同僚などの名前を書きます。

それでは次の質問です。

この5人の中に「自分」と書いた人はいますか？

そうすると、約1割の方が手を挙げます。つまり、9割の人が「自分」を書かないということです。

この本をお読みいただいているあなたは、「自分」を5人の中に入れましたか？

もし入れていなかったら、ぜひ自分を入れていただきたいのです。

なぜならば、最初に励ます必要があるのは**「あなた自身」**だからです。なぜ自分が最初かというと、励ます本人がいい状態だからこそ、相手を励ます時にエネルギーが伝わるからです。

励ます本人が、精神的にもボロボロで、不安や悩みを抱え、夢や目標もなく、身体的にも膝や腰に痛みを抱え、体調もすぐれず、疲れきった状態で、「私はこんな状態なんだけど、君にはなんとか頑張ってほしいんだよ」と言われても、言われた相手も受け取りづらいですよね。

私たちペップトーカーが目指すのは、自分もサイコー、相手もサイコーな状態です。

サイコーとは、

●最高（Best）で

●最幸（Happiest）で

●さあいこう！（Let's go！）

という前向きな心と体の状態です。

多くのアスリートが、本番直前に自分に「セルフペップトーク」をしているのをご存じでしょうか？

フィギュアスケートの羽生結弦選手も演技する前に、「ＯＫ！　さあ、楽しもう」と言ってから滑り出していますよね。これも自分の状態をサイコーにもっていく言葉のスイッチです。

日本ペップトーク普及協会のミッションは、「言葉の力で日本を健康に！」です。健康とは心と体がサイコーな状態です。

そんな状態をつくっていくためにも、まずは自分がサイコーな状態を保ちたいですよね。そのために**「セルフペップトーク」**が重要です。

インサイドアウトという考え方があります。自分、家族、仲間、社会と外側に円が広がっていくとすると、内側から始まり外側に広がっていくという意味です。

つまり自分が満たされ、家族が満たされ、仲間が満たされ、社会が満たされるという順番です。

実は病院のリハビリ科に勤めていたかつての私は、インサイドアウトの反対のアウトサイドインの状態になっていました。自分や家族といった「内側の円」のことはあと回しにして、仲間（病院のスタッフ）や社会（地域）といった「外側の円」のために、自分がボロボロになるまで働いていたことがありました。

自分を犠牲にして頑張っている状態なので、常に疲れ、イライラし、家族とも喧嘩になったりすることも。

自分や家族を犠牲にしても得られるものがあるうちはまだ続けられますが、うまくいかないことも出てきます。そうすると、こんなに頑張ってやっているのに、周りは認めてくれないという不満が生まれ、負のスパイラルに入ります。自分は仲間や社会に認めてもらいたいという欲求から動いていたのです。

インサイドアウトはシャンパンタワーに似ています。一番上の段にあるのが自分のグラス。そのグラスが満たされて、上から2段目にあるのが家族、3段目が仲間、4段目が社会というイメージです。

一番上の自分のグラスを満たし、あふれた分が次の家族の段を満たしていきます。ここで大事なのが、周りの人たちを励まして元気にしていくためには、自分から常にあふれていることが必要です。常にあふれ続ける状態をつくるために必要なのがセルフペップトークなのです。


そして、ここで重要なのが**「受容と承認」**です。

自己受容とは自分で自分の状態を受け入れて受容することであり、自己承認とは自分にあるものを認め承認していくことです。この自己受容と自己承認のプロセスをパワフルに進めていく言葉がセルフペップトークです。

そもそも、受容とはマイナスを受け入れるということです。

マイナスとは足りない部分（ミスをしたり、能力が足りなかったり、できるはずのことができなかったり）、マイナスの感情（落ち込んだり、不安になったり、緊張したり、自信がない）、マイナスの状況（ピンチ、不利な状況など）です。

そのマイナスを「ミスしちゃったよね」「落ち込むこともあるよね」「今ピンチに直面しているよね」と言って受け入れることが自己受容です。

そして、承認とはプラスの面に目を向けることです。

プラスというのはできている部分、すでにある部分（あなたの存在や思い、得意なこと、うまくできていること、経験、実績、協力者など）、プラスの感情（やりたいという気持ち、できるぞという感覚）、プラスの状況（マイナスをプラスにとらえかた変換したもの、ピンチ→成長のチャンス、不利な状況→これができたらすごいなど）を認めることが自己承認なのです。

自己受容と自己承認を繰り返すプロセスが、自分の器を満たしていくことです。

この**「自己受容→自己承認→行動・結果→（行動・結果に対する）自己受容→（行動・結果に対する）自己承認」**のプロセスを、何度も何度も繰り返していくことで自信につながっていきます。

ちなみに、自己受容や自己承認をせずに、自分の器が満たされない状態が続くとどうなると思いますか？

それは他人からの受容と承認を求めるようになります。自分を自分で満たすことができず、他人からの受容を求める場合は、マイナスの自分を演出します。他人に受け入れてほしいという気持ちから、かわいそうな自分やできない自分を無意識に演じるのです。必要以上に落ち込んでみたり、問題行動をしてみたり……。

一方、他人からの承認を求める場合はプラスの自分を演出します。

自分がすごいんだということを主張します。自慢したり、目立つ行動を取ったり、自分を犠牲にして他人に貢献したり……。頑張っているのですが、人から認められることが目的になっているパターンです。

あくまで自分が自分の人生のリーダーとして生きていくためには、受容も承認も他人任せにするのではなく、自分でやりきることが大事です。そんな勇気を持ちましょう！　この本を読んでいるあなたなら必ずできる。やってみましょう！

そこで、ペップトーカーとしての第一歩は、**自分が使っている言葉を変える**ことです。

しかし、ポジティブになりましょう！　ペップな人になりましょう！　というのは「あり方」を変えようという話なので、「えっ、どうやって？」となってしまいがちです。ならば「やり方」を変えようということです。

ここからはセルフペップする言葉を磨いていきますが、２つの目的があります。

①自分自身をペップするスイッチ
②ペップトークを習慣化するトレーニング

つまり言葉を変えるということは、習慣を変えるということです。その際、日常生活のどんな場面で自分自身に対してペップな言葉を使うかを見ていきましょう。

場面と連動させて自分をペップする

ご飯を食べ始める時に、あなたはなんて言いますか？

ご飯を食べ終わった時に、あなたはなんて言いますか？

それぞれ「いただきます」「ごちそうさま」と言う人が多いのではないでしょうか。

では朝起きて1日を始める時、そして夜寝る時に、あなたは自分自身になんて言いますか？

家を出る時、家に帰ってきた時、自分自身になんて言いますか？

もしかしたら、あまり意識したことがないという人も多いかもしれません。

毎日繰り返す場面や、仕事やスポーツなどでよく出くわす状況で、どんな言葉で自分を励まし、スイッチを入れるかをあらかじめ想定してみてはどうでしょうか？

相手を励ます前にまず自分を励ますことを習慣にしてみましょう。ここでは場面別にセルフペップトークをつくってみます。

たとえば、次の表のような言葉はどうでしょう。

自分流セルフペップトーク例～日常生活編

タイミング	セルフペップ
朝起きた時	今日も最高の1日が始まるぞ！ 今日も生きていることに感謝！
歯を磨く時	ピッカピカになりますように
トイレに行く時	すっきり快調！　絶好調！
ご飯を 食べ始める時	自然の恵みに感謝していただきます
ご飯を 食べ終わった時	元気が出ました ご飯をつくってくれてありがとう！
家を出る時	今日も日本を元気にしてきます！
家に 帰ってきた時	今日も最高の仕事ができた
お風呂に 入る時	1日頑張った体にありがとう 心も体もリラックスしよう
本を読む時	どんなことを学べるのか楽しみ さあ読み進めよう
夜寝る時	最高に楽しい1日だった 今日も生きていることに感謝

【自分流セルフペップトークシート①～日常生活編】

ここに自分が日常生活で使える言葉を書き出してみよう！

自分流セルフペップトーク例～仕事編

タイミング	セルフペップ
仕事を始める時	今日も全力投球！　楽しい時間の始まりだ！
電話をかける時	よし！　明るく笑顔で話そう！
電話がかかってきた時	待ってました！　会話を楽しもう！
得意な仕事をお願いされた時	はい、まかせとけ！　貢献するぞ
苦手な仕事をお願いされた時	はい、喜んで！　自分の幅が広がるぞ
プレゼンなど大事な場面	できる！　できる！　絶対できる！
イラっときた時	深呼吸して　スマイル！　スマイル！
眠くなった時	よくやっている！　集中していこう！
仕事を終える時	今日もベストを尽くした 自分サイコー、仲間に感謝！

【自分流セルフペップトークシート②～仕事編】

ここに自分が日常生活で使える言葉を書き出してみよう！

自分流セルフペップトーク例〜スポーツ編（野球）

タイミング	セルフペップ
試合が始まる時	今日も野球ができて幸せだ 思いっきり楽しんでいこう
打席に入る時	絶好調！　野球が楽しい
ヒットを打った時	自分ってスゴイ！　この調子でいこう
アウトになった時	ナイストライ！　次はもっとよくなる
守備につく時	さあ、リズムよくいこう
アウトをとった時	ナイスプレー！
エラーした時	改善のチャンス！
試合が終わった時	チームメイト、監督・コーチ、相手チーム、審判、家族、応援団、関係者のみなさん、おかげで野球ができました。ベストを尽くしました ありがとうございます グラウンド、道具、すべての環境にもありがとう

セルフペップトークは、大きく分けると、

- **背中を押すセルフペップ**
- **気持ちを立て直すセルフペップ**
- **感謝を伝えるセルフペップ**

の3つに分かれます。

まずは自分流セルフペップトークを楽しみながら書き出してみましょう。

そして、できるところから少しずつ始めてみましょう。

口に出して言っても、心の中で唱えても大丈夫です。

実践しながら自分流セルフペップトークを増やしてみましょう！

セルフペップトークのコツ

ここまでは、場面ごとにセルフペップトークをつくってみました。さらにセルフペップトークを自分の中に落とし込んでいくためにセルフペップトークがどんどん楽しくなるコツをお伝えします。セルフペップトークは、「心が踊るペップな言葉」「思わず口ずさんでしまう心地よいリズムと響き」が重要です。

❶リズムを刻んだセルフペップトーク

日本人の魂に刻まれたリズムの代表的なものは応援によく使われる３３７拍子や川柳の５７５、短歌の５７５７７のリズムがあります。

【３３７ペップ】（文字数は３３７でなくてもリズムがあえばＯＫ）

「できる　できる　かならずできる」

「なれる　なれる　ぜったいなれる」

「いける　いける　まだまだいける」

「まえに　すすめ　ちからのかぎり」

「いっぽ　まえに　みらいにいこう」

「かんしゃ　かんしゃ　かぞくにかんしゃ」


【575ペップ】（文字数は575でなくてもリズムがあえばOK）

「ハイタッチ　みんなでつくる　一体感」

「ミッションと　パッション胸に　さあアクション」

「さあいこう　みんなでいこう　かぞくりょこう」

「腹減った今だ脂肪が　燃えている！」

「乾杯を　イメージしながら　仕事する！」

「なりたいと 想えば必ず なれるもの」

「育てたい 夢を語れる 子どもたち」

【５７５７７ペップ】

「為せば成る　為さねば　成らぬ何事も　成らぬは人の　為さぬなりけり」（上杉鷹山）

「鍛えたら 鍛えた分だけ 強くなり 強い分だけ 夢に近づく」

「前向きな 心で今日も 愉しもう！ 言葉が変われば 心も変わる」

❷韻を踏んだセルフペップトーク

同じ音で始まったり、同じ音で終わったりする言葉を使うと、相手の心に響きやすくなります。

たとえば、アメリカの半導体メーカー・インテルのキャッチコピーは見事に韻を踏んでいて、人の心に響きやすい言葉になっています。

・Intel inside（英語バージョンは同じ音で始まります）

・インテル　はいってる（日本語バージョンは同じ音で終わります）

３３７ペップで紹介した、「できる　できる　かならずできる」や、５７５ペップで紹介した「ミッションと　パッション胸に　さあアクション」、また、旗の台クラブのストーリーの中に出てきた「最高！　最幸‼　さぁ～いこう!!!」など同じ言葉の繰り返しや、音が似ている言葉が繰り返されると印象に残りやすくなります。

自分を励ますセルフペップトークは、

・いつでもできる
・どこでもできる
・１人でもできる
・５秒以内でできる

だからこそ習慣化しやすいペップトークです。

ぜひ、お気に入りのセルフペップトークをつくって実践してみましょう。

実践事例

自分も相手もペップする！

大学からテニスを始めた本多好郎さんは、苦労しながらも国体選手にまで登りつめました。現役時代、勝つことは当たり前。天狗になっていた本多さんにとって、大会で対戦する無名の1回戦の選手はただのウォーミングアップ相手。試合後の握手も、顔も合わせず指先で交わす程度という態度でした。

現役を引退して10年がたち、テニスを始めた息子に父の背中を見せようとマスターズ大会に復帰しました。しかし、今までなら負けるはずのない相手に苦戦し、父の試合を初めて応援に来た息子の前でとうとう負けてしまったのです。父は強いと思っていた息子の目には涙が浮かんでいました。

「このままじゃいけない。何かを変えなければ」と思った本多さんは、ある講習会で、スポーツマンシップの本当の意味を知りました。

「相手」「審判」「ルール」。この３つを尊重することこそが、スポーツマンシップの本来の意味だったのです。

「相手を尊重するってどうすればいいんだろう」と思い悩んだ本多さんは、1つの結論に達します。

「自分だけが勝てばいいという考えを捨てよう。どんな相手でもテニスプレーヤーとして対等。だから試合中、自分も相手も励まし、力を出し尽くす最高の試合をしよう」「そうだ、1回戦からすべてが決勝戦だと思えばいいんだ！」

そして、さっそく次の試合で実践。お互いに最高のプレーをするために試合中こんなふうに声かけをしました。

自分が得点を決めたときには、「ヨッシャー！」「イケるぞ！」と自分にペップ。しかしそれだけでなく、相手に得点を決められたときには、「ナイスショット！」「ナイスサーブ！」と相手をペップしたのです。

初めは怪訝《けげん》そうにしていた対戦相手も、次第に本多さんの意図を理解し、お互いに最高のプレーをしようと盛り上がっていきました。

対戦相手同士がお互いに励まし合う前代未聞の試合。1回戦にもかかわらず、コートの後ろには面白そうと感じた観客でいっぱいになっていました。自分も相手もペップし、お互いに最高のプレーをしようと心がけた本多さんは、本来の力を取り戻し快勝。そして最後に、対戦相手に「ありがとうございました、楽しかったです、またお願いします」と、しっかりと目を見て、両手でガッチリ手を握りました。

そして、2回戦も相手をペップしながら試合を進めました。すると背後から大きな声で励ましてくれる人が……。振り返ると、そこには1回戦の対戦相手の姿がありました。

そう、彼は本多さんを応援してくれていたんです。3回戦、4回戦と応援団は増え、たくさんの声援を受けた本多さんは優勝したのです。

「これまでいくつもの大会で優勝してきましたが、こんなに仲間に力をもらったのは初めてです！」と優勝後のインタビューで本多さんは語っていました。

本多さんはこの経験を振り返って話してくれました。

「これまでは自分だけが勝つことが目的になっていました。スポーツマンシップの本質を理解し、相手をリスペクトし、お互いに励まし合い、お互いにベストを尽くすことができるからスポーツはおもしろい」

本多さんは、テニス界のリーダーの1人として、この経験を通して身につけたペップトークを使って後進の指導に日々尽力しています。

第5章

たった1分で相手のやる気に火をつける「ゴールペップトーク」

本番前のペップトークの基本パターン

ザ・ペップトークと言えば、この**「ゴールペップトーク」**のことです。

ゴールペップトークは、アメリカのスポーツの試合前にロッカールームで行われる監督・コーチが本気で選手たちを励ますトークです。

試合で最高のパフォーマンスを発揮できるように心の状態を前向きに導きます。勝ち負けがはっきりする真剣勝負の世界だからこそ、血のにじむような努力をしてきた選手たちに贈る言葉だからこそ、監督・コーチは言葉の力を磨き、ここぞというときに考え抜いたペップトークをするのです。

試合前のたった1分という時間で、どんな思いを込め、何を、どう伝えるのか？監督・コーチは前の晩寝る間を惜しんで考えるのです。当然そこには選手とともに歩んできた練習の日々、その中で伝えてきたことを思い出し、本番のゲームがどんな展開になるのか、選手たちがどんなプレーをするのかをイメージしながら言葉を紡いでいくのです。そして、何度も何度も読み返し、言葉を磨いていくのです。

本番直前、監督・コーチは自分らしさ全開で本気のペップトークをします。全身全霊をかけたトークは選手たちの胸を打ち、心を揺さぶり、魂に火をつけるのです。

ここには指導者と選手たちにしかわからない心のつながりがあります。同じ夢を追う同志だからこそ通じるものがあるのです。


関係者立ち入り禁止の密室で行われることが多いペップトークをライブで見るのは、なかなか難しいのですが、ペップトークはアメリカのスポーツ映画の中でたびたび見ることができます。

実話をもとに再現されているものも多く、ペップトークを学ぶうえでは、何を伝えるかと同時に、口調、語調、身振り、手振りなど、どう伝えるかという点でもとても参考になります。

ゴールペップトークは、そんな１０００本以上のアメリカのスポーツ映画に見られるペップトークを分析した結果、導き出された人のやる気を引き出すトークモデルです。

ドラマ「先に生まれただけの僕」に見るペップトーク

２０１７年10月から放映された日本テレビ系列のドラマ、櫻井翔さん主演の「先に生まれただけの僕」でペップトークが取り上げられました（このペップトーク・シーンは日本ペップトーク普及協会が監修しています）。

「先に生まれただけの僕」は、櫻井翔さん演じる鳴海涼介が商社マンから人気が落ち込んでいる京明館高校の校長先生になって、先生や生徒と向き合い学校を改革していくというお話です。

奮闘しながらも、鳴海校長は自らアクティブラーニングを学び実践し、授業改革を行っていきます。そんな中、鳴海校長に賛同しながら生徒をどんどんやる気にさせている蒼井優さん演じる真柴ちひろ先生に、鳴海校長が尋ねます。

鳴海校長「どうやって生徒をやる気にさせたんですか？」

真柴先生「どうやってって……みんなの考えた企画でうちが人気校になったらうれ

しいでしょとか、みんなならできるとか……」
鳴海校長「ペップトークだ！」
真柴先生「ペップトーク？」
鳴海校長「ビジネスの現場でも使われる、なんていうか、相手をやる気にさせる会話術で、とにかくポジティブな言葉で部下のモチベーションを上げるんです」
真柴先生「私はそんな大げさなことじゃ……」
鳴海校長「真柴先生、ペップトーカーだったんだ！」
真柴先生「ペップトーカー？」
鳴海校長「なんかいける気がする、オープンキャンパス」

ドラマには、こんなシーンが登場します。前向きな言葉を使いクラスを変えていった真柴先生に、鳴海校長は「ペップトーカーですね」という言葉まで残しています。

その後、真柴先生はペップトークに興味を持ち、『心に響くコミュニケーションペップトーク』（中央経済社）という青い表紙の本でペップトークを学び始めます。

実はこの本、日本ペップトーク普及協会代表理事岩﨑由純氏がペップトークを日本に初めて紹介した実際の本です。この青い本でペップトークを学び始めた真柴先生は、イベントを企画するクラスの高校生たちにゴールペップトークの基本形である「7つのステップ」で考えたペップトークをします。

少し緊張した表情で、覚えたてのペップトークを1つひとつ確認するかのようにゆっくりと1、2、3と指で数えながら言ったのです。

1. みんなは今とても難しい課題に取り組もうとしている！
2. それはこれからの京明館を変えることになるかもしれない重要な課題である！
3. そして、その重要な課題に挑戦しようと手を挙げたのは、ほかならない君たち自身である！
4. なぜなら君たちは京明館高校2年3組、つまり特進クラス。この学校で最も優秀で、最もクリエイティブなメンバーの集まりだから！
5．君たち以外に答えを見つけられる人はいないの！
6．そして、その答えを見つけた時、君たちはこう叫ぶ。やったぜ‼
7．（沈黙のあとに、吹っきれた表情で）すげぇことやっちまったぜ‼

最初は「何が始まるの？」と困惑している生徒たちですが、途中「最も優秀で、最もクリエイティブなメンバーの集まり」という承認の言葉に対し、少し照れながらも、どんどん勇気づけられていきます。そして最後の言葉で、一気に「よし、みんなでやろう！」という雰囲気にクラス全体が変わったのです。

７つのステップで構成されているこのペップトークを解説すると、人気がなく受験者数が少ない学校はこのままではピンチ。学校の今後を左右する重要な課題に君たちは向き合っているという状況を受け入れています。

生徒たちがこのピンチの救世主であることを伝え、生徒たちができているところを、特進クラス、優秀、クリエイティブという言葉で承認しています。そして、「君たち以外に答えを見つけられる人はいない」、つまり「君たちが答えを見つけるんだよ」と、してほしいことを伝えると同時に限定的な表現を使うことで生徒たちの能力を承認しています。

先生は本を見ながら覚えたてのペップトークを語りかけています。しかし、最後のセリフを忘れてしまい少し間が空いてしまいます。そして、開き直って出てきた言葉が「すげぇことやっちまったぜ!!」という、みんなですげぇことやっちゃったって喜ぼうよ！　という背中のひと押しの言葉で締めたのです。

ドラマの話に戻ると、その後、この青いペップトークの本は先生たちのバイブルとなり、いろいろなクラスでペップトークが使われるようになりました。学校の雰囲気もどんどん良くなりイベントも大成功。学校改革は進んでいったのです。

「ゴールペップトーク」の7ステップ

では実際に、７つのステップでのゴールペップトークは、どのような言葉をつないでつくっていくのかを見ていきましょう。

P（＝Present：事実の受け入れ）
相手の置かれている状況や感じている感情を受け入れます

E（＝Empathize：状況・感情への共感）
自分や他者の経験を元に相手に寄り添い理解を示します

P（＝Positive：とらえかた変換）
事実のとらえかたを変え、あるものに目を向けます

T（＝Teach：教訓・勝利の方程式）
ゴールに近づくための知恵を授けます

A（＝Action：してほしい変換）
本番で一番してほしいことを「〜しよう」の言い方で伝えます

L（＝Lead：勇気づけ・きっかけ）
やる気を一気に高める勇気づけ、未来のイメージを引き出します

K（＝Kick Off：背中のひと押し）
背中を押し出す激励の言葉で送り出します

よく見てください！　実はこの7つのステップの英語の頭文字をつなげていくとPEPTALKになっています。

では、実際のペップトークの例を見てみましょう。たとえば高校サッカーの県大会決勝戦。強豪相手にビビる選手たちに監督がペップトークをするシーンです。

P（事実の受け入れ）
「今日は決勝戦。相手は全国大会の常連校だ。ビビってるのか？」（★）
E（状況・感情への共感）
「そりゃそうだよ。この大舞台、誰でもそうなる」
P（とらえかた変換）
「でもな、今日は俺たちの本当の強さを証明するチャンスだ！」（★）

T（教訓・勝利の方程式）
「相手が強いほど、俺たちは力を発揮できる」
A（してほしい変換）
「いつものようにがっちり守ってワンチャンスをものにしよう！」（★）
L（勇気づけ・きっかけ）
「俺たちらしいゲームをするぞ」
K（背中のひと押し）
「さあ、思いっきり暴れてこい！」（★）

いかがでしょうか。少し解説します。

Ｐ（事実の受け入れ）で、大舞台、強豪相手でビビっているという感情も否定せずそのまま受け入れています。

Ｅ（状況・感情への共感）で、それは誰でもこの舞台ならそうなるんだと共感することで、選手たちに安心感を与えています。

Ｐ（とらえかた変換）で、この強豪相手の大舞台＝緊張ではなく、強豪相手の大舞台＝強さを証明するチャンスと、とらえかたを変えて一気にやる気を高めます。

Ｔ（教訓・勝利の方程式）で、今までの自分たちのパターンから論理的に今日は力を発揮できる舞台であると本領発揮のスイッチを入れています。

Ａ（してほしい変換）で、強豪に対して勝つために実際の場面でやってほしいことをしっかり伝えています。

Ｌ（勇気づけ・きっかけ）で、グッと気持ちを盛り上げるひと言で勢いをつけます。

Ｋ（背中のひと押し）で、最後に一気に背中を強く押してグラウンドに送り出しています。

もう１つ、若手社員が初めてお客様にプレゼンをするというシーンでのペップトークを見てみましょう。

P（事実の受け入れ）
「いよいよ今日は大事なプレゼンの日だね。不安そうな顔しているけど大丈夫？」（★）
E（状況・感情への共感）
「まあ、僕も初めてのプレゼンの時はいっぱいいっぱいだった。だからよくわかる」
P（とらえかた変換）
「でもね、それって君が新しい一歩を踏み出そうとしているってことなんだ。その一歩のためにしっかり準備してきたじゃないか」（★）
T（教訓・勝利の方程式）
「新しい一歩を踏み出す時が一番勇気がいる。そして一番成長する」
A（してほしい変換）
「とにかく自分を信じて、お客様に君の思いを伝えてこよう」（★）
L（勇気づけ・きっかけ）
「君ならできる」

K（背中のひと押し）

「さあ、新しい一歩を楽しんでこい！」（★）

いかがでしょうか。こんなふうにリーダーがメンバーのことを見守り、勇気づけてくれたら本当にうれしいのではないでしょうか。このシーンを解説すると、こうなります。

P（事実の受け入れ）で、初めてのプレゼンで不安そうになっている部下の様子を察して声をかけています。

E（状況・感情への共感）で、上司である自分の経験も踏まえ共感することにより安心感を部下に与えています。

P（とらえかた変換）で、不安になるということはいつもと違う新しいチャレンジをしていることだと、とらえかたを変えると同時に部下がやってきたことを承認しています。

Ｔ（教訓・勝利の方程式）で、一歩というキーワードの意味づけを教えとして伝えています。

Ａ（してほしい変換）で、シンプルに本番で一番してほしいことを伝えています。

Ｌ（勇気づけ・きっかけ）で、一歩を踏み出す勇気を与えるひと言を伝えます。

Ｋ（背中のひと押し）で、リラックスして一歩を踏み出せるように、最後を楽しむという言葉で締めくくっています。

この７つのステップで組み立てていくペップトークの特徴は、相手が今直面している事実に対して、**「Ｅ＝共感、つまり感情的な寄り添い」と「Ｔ＝教訓つまり論理的な思考整理を交えながら、相手のやる気に火をつけている」**ということです。

ペップトークに慣れてくると、このような感情と論理から相手を励ます言葉が自然に出てくるようになりますが、７つのステップの場合、入念な準備が必要です。現場でとっさにペップトークしようと思った時に、「どんな順番だったかな？」と迷っているうちにタイミングを逸してしまうこともあるということで、もう少しシンプルに伝えられないかと考えました。

そこで、先ほどのサッカーの試合前のペップトーク、プレゼン前のペップトークをそれぞれ（★）がついているところだけ読んでいただきたいのです。

PEPTALKを1つ飛ばしに**「PPAK」**だけ読んでみるのです。

前述のサッカーの試合前のペップトーク、プレゼン前のペップトークのPPAKだけを取り出してみます。

P（事実の受け入れ）

「今日は決勝戦。相手は全国大会の常連校だ。ビビってるのか？」（★）

P（とらえかた変換）

「でもな、今日は俺たちの本当の強さを証明するチャンスだ！」（★）

A（してほしい変換）

「いつものようにがっちり守ってワンチャンスをものにしよう！」（★）

K（背中のひと押し）

「さあ、思いっきり暴れてこい！」（★）

P（事実の受け入れ）
「いよいよ今日は大事なプレゼンの日だね。不安そうな顔しているけど大丈夫？」（★）
P（とらえかた変換）
「でもね、それって君が新しい一歩を踏み出そうとしているってことなんだ。その一歩のためにしっかり準備してきたじゃないか」（★）
A（してほしい変換）
「とにかく自分を信じて、お客様に君の思いを伝えてこよう」（★）
K（背中のひと押し）
「さあ、新しい一歩を楽しんでこい！」（★）

どうでしょうか。ＰＰＡＫだけでもシンプルかつ力強くポイントを押さえたペップトークになっていることがわかります。

ということで、感情に寄り添い、論理的納得感をもち丁寧に伝えたい場合は7ステップのペップトーク、シンプルかつ力強くポイントを押さえて伝えたい場合は4ステップのペップトークと使い分けることができます。

ベースはPPAKの4ステップで骨組みをつくり、そこに「ETL」を足していくといいわけです。

実際にはETLの全部が入っていなくても大丈夫です。5ステップや6ステップになることもあります。大切なのは相手が一番言ってほしいことを言うのがペップトークであり、あなたが一番気持ちを込めて伝えられるペップトークであることです。

まずはシンプルな4ステップで、ペップトークの骨組みを押さえよう

もともとは1000本以上のスポーツ映画に見られるペップトークを分析して導き出された7ステップのペップトークをより使いやすくシンプルにということで、前著『たった1分で相手をやる気にさせる話術 ペップトーク』(フォレスト出版)ではゴールペップトークを4つのステップで紹介しました。

【ペップトークの組み立て方】

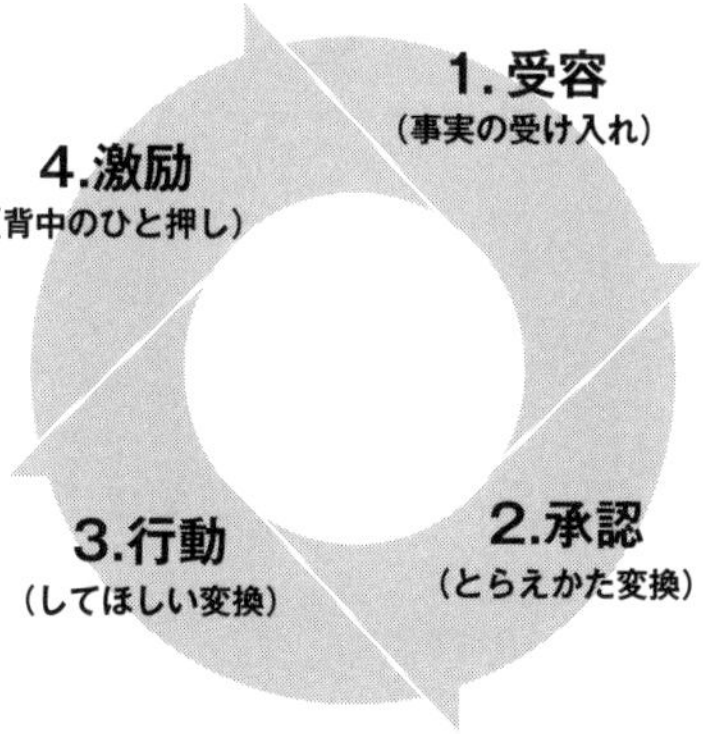

❶受容（事実の受け入れ）
❷承認（とらえかた変換）
❸行動（してほしい変換）
❹激励（背中のひと押し）

スポーツの真剣勝負の世界から生まれ、磨き上げられた人をやる気にさせる「受容・承認・行動・激励」という4つのステップは、実はドラマ、CM、歌などさまざまなシーンで活躍しています。いわば人のやる気に火をつける「必勝パターン」「勝利の方程式」です。

「下町ロケット」に見る4ステップのペップトーク

ＴＢＳ系列で放送された「下町ロケット」の中では、たびたびペップトークが見られます。阿部寛さん演じる主人公の佃《つくだ》航平が社長を務める下町の小さな町工場、佃製作所。航平のものづくりに対する熱い思いに共感した社員たちと数々の困難を乗り越えながら、巨大企業、帝国重工のロケット打ち上げ事業に主要部品のバルブを提供し成功させせます。

そのロケットで打ち上げた衛星を使って動く無人農業ロボットのエンジンとトランスミッションを開発していくというストーリーです。

その中で佃航平は、部品の完全内製化を目指す帝国重工とバルブの性能勝負をすることになります。しかも帝国重工でバルブを開発するのは、土屋太鳳さん演じる娘、利菜です。

ロケットが大好きで父の背中を追って技術者になった利菜との親子対決となった勝負は航平が勝ちます。利菜は自信をなくし落ち込んでしまうのですが、そんな娘を航平は一緒に星空を眺めがならペップトークします。

❶受容（事実の受け入れ）
「なあ利菜、今お前の目の前には、あの宇宙のような無限の可能性が広がっている」
❷承認（とらえかた変換）
「やりたいことやればいいんだ。自分のものさし、他人のものさし、それぞれ長さが違う」
❸行動（してほしい変換）
「お前が信じる道を行けばいいんだ。そうすればきっとお前なら幸せになれる。俺はそう信じている」
❹激励（背中のひと押し）
「一歩一歩進めばいい、焦らずな」

目の前に広がる宇宙の話から落ち込んでいる利菜の目線をグッと上にあげます。そして、人との比較や勝負にとらわれるのではなく、自分のものさしが大事だと投げかけます。自分が信じる道を行けば幸せになれるとしてほしいことを提示し、一歩一歩進もうと背中を押しています。

そして、無人農業ロボット「ランドクロウ」を帝国重工と開発した航平は、ライバル「ダーウィン」に後れを取りながらも、なんとか発売にこぎつけます。試験用の田んぼを自動走行するランドクロウを仲間たちと見守りながら、思いを込めて宣言します。

❶受容（事実の受け入れ）
「これからが本当の戦いだ。発売後もいろんな問題が起きるだろう」
❷承認（とらえかた変換）
「けどなあ、それさえ楽しみじゃないか。カッコなんか悪くていい。時間だってかかるだろう。それでも止まらなければいつかきっと最高に面白いものができる

はずだ」

❸行動（してほしい変換）

「それを信じて俺たちは夢を見続けよう」

❹激励（背中のひと押し）

「走れ、走れ、ランドクロウ！　俺たちの思いを乗せて、走れ！」

問題も起きるだろうが、それも楽しみという数々の困難を乗り越えてきた航平だからこそ言える言葉。そして、やり続けることでもっとおもしろいワクワクしたものづくりができるというワクワク感。

日本の農業を守るという夢に生きる仲間たちとの絆と決意が表されている、魂に火がつくようなペップトークです。この感動的なシーンでこのドラマは幕を閉じたのです。

CMに見るペップトーク
～君たちはFIFAワールドカップのために選ばれた～

続いてはCMの中に出てくるペップトークです。

2018年のFIFAサッカーロシア・ワールドカップでのコカ・コーラのCMで、これはまさにペップトークというものを見つけました。舞台はコカ・コーラの工場。次々と生産されるコカ・コーラたちが流れてきます。そして赤いTシャツを着たリーダーが、これから世界に向けて羽ばたいていくコカ・コーラたちにこう投げかけるのです。

❶受容（事実の受け入れ）

「コカ・コーラオリジナル、コカ・コーラゼロ。君たちはFIFAワールドカップのために選ばれた！」

❷承認（とらえかた変換）
「渇望されるものも、叩きつけられるものもいるだろう。だがその情熱、それが生きている証《あかし》なんだ」
❸行動（してほしい変換）
「君たちは敗北の苦味を甘くする、勝利の味を深くする」
❹激励（背中のひと押し）
「君たちの力を世界に見せてやれ！　幸運を祈る」

素晴らしいペップトークだと思いませんか？
ペップする相手は人だけでなくモノでもいいんですね（笑）。
❶は、毎日19億杯飲まれていると言われるコカ・コーラの中で、君たちはW杯のために選ばれたという名誉でもありプレッシャーがかかる状況。
❷で、「W杯では強く求められたり、逆に怒りのはけ口になるそんな経験もするかもしれない。でもそれこそが君たちの生きる証なんだ」と切り返すところがマイナス

の出来事もプラスに変換するとらえかた変換になっています。さらに生きる証、つまり存在意義を提示しています。これは最高の存在承認です。この段階でコカ・コーラたちは確固たる自信を持っているでしょう。

❸では、サポーターが負けて悔しがっている時は敗北の苦みを甘くし、勝って喜んでいる時は勝利の味わいを深くする。まさに感情の演出家として行動せよということです。

そして❹の最後で、「自分たちの力を証明してこい！　幸運を祈る！」という背中を強く押す応援のメッセージ。最高にカッコいいですね。

実践事例

小学校5年生の姉が、宿題ができなくてやる気をなくしている2年生の弟へ

前著『たった1分で相手をやる気にさせる話術　ペップトーク』はビジネス書として書きましたが、なんと小学校5年生の林美空ちゃんが、この本を読んでペップトークを実践し感想文をくれました。

もともと美空ちゃんは本を読むのが大好きな女の子。彼女の夢は将来小説家になる

ことです。お父さんが購入したこの本をダイニングテーブルに置いていたところ、本が大好きな美空ちゃんは読み始めました。

読み進めるうちに「人って言葉を変えるだけでこんなに変わるんだ!」と驚き、さっそくペップトークをやってみようと思いました。宿題ができなくてやる気を失っている弟のゆづきくんに対して、本に書いてある通り4つのステップでペップトークを考え実践してみたことが書かれていました。

【ペップトークの本の感想】

ペップトークの本を読んだあと、弟の宿題が終わらなそうな時に、私は「これこそペップトークをする時だ!」と思い、ペップトークをしてみました。

❶受容（事実の受け入れ）

「私も宿題が終わらなそうな時がいっぱいあったよ」

❷承認（とらえかた変換）

「でも、ゆづきなら本気になればすぐに終わらせられる」

❸行動（してほしい変換）

「本気で力を尽くしてがんばろう」

❹激励（背中のひと押し）

「さあ、レッツGO‼」

と言ったら、本当に本気で宿題を終わらせることができました。この時、私はペップトークってすごいと思い、友だちが心配、不安、緊張している時に励ませると思うとペップトークをもっと勉強したいと思いました。弟をやる気にさせようと思った時、口が滑ったように自然と言葉が出ていました。すごく役に立ちます。ありがとうございます。

ペップトークを実践するのもすごいと思うのですが、口が滑ったように自然にペップトークが出てくる小学生がいることに、「本当にすごい！」と驚いてしまいました。

しかも内容がとてもシンプル。私たち大人はつい相手に良いことを言おう、わかってもらいたいと言葉をいろいろつけ足してしまうのですが、どうでしょうか。たった4行の超シンプルなペップトークが、相手の心を打ち、やる気を引き出してしまうのです。

❶自分の体験を語り弟の気持ちに寄り添っています。
❷弟の本気と力を承認しています。
❸シンプルに力を尽くそう、頑張ろうというメッセージで行動を伝えています。
❹ポンと背中を押す言葉ですね。

美空ちゃんの話には後日談があります。美空ちゃんはペップトークをもっと勉強したいと思い本を紹介してくれたお父さんとセルフペップトーク、ゴールペップトークを学ぶ2日間セミナーに来てくれたのです。

そこでペップトークを本格的に学び、新しいペップトークをつくりました。

【忘れ物をした友だちに】

❶受容（事実の受け入れ）
「私も忘れ物したことといっぱいあったよ」
❷承認（とらえかた変換）
「でも、これは先生に正直に言うチャンスだよ」
❸行動（してほしい変換）
「思いきって素直に言おう」
❹激励（背中のひと押し）
「見守ってるからね！」

子どもの可能性って無限大だなと思いました。
この美空ちゃん、ペップトークを始めてポジティブな言葉を使っているうちに、以前は授業で手を挙げて発言したり、人前で話すのが苦手だった自分が、積極的に手を挙げてクラスで発表するようにどんどん変わっていることに気づきました。

また、ペップトークを知る前は、友だちに相談された時にどう答えていいのかわからず、「うん、うん」と相槌《あいづち》を打つことしかできませんでした。しかし、ペップトークを知ってからは、相談してきた友だちをペップトークで応援できるようになり、その友だちは以前よりも明るくなりました。

友だちの応援で大事にしていることは、しっかり相手の話を聞いてあげる受容と、そこからとらえかたを変え、今あるものに目を向ける承認を意識することです。

このように応援力が高まった美空ちゃんは、友だちに相談されることが多くなったそうです。

そして決意したのです。

「私はペップトークを友だちに伝えたい」

その後、彼女はお父さんを誘い（いや、手を引っ張り）、ビジョンペップトーク

（6章で紹介）セミナー、さらにはペップトークの講師養成セミナーにまで大人に混ざって参加したのです。

講師になるには3日間の講習に参加し、30分の講演を行う認定試験にパスする必要があるのですが、見事合格。日本ペップトーク普及協会の認定講師となったのです。美空ちゃんは最年少スピーカーとして活躍しています。

彼女は将来小説家になって、主人公がペップトークを使って周りを励ます小説を書くことでしょう。言葉の力は本当にすごい。ペップトークは子どもたちの人生を変えるんですね。

第6章

たった2分で聴衆の心をつかむ「ビジョンペップトーク」

聴衆の心をつかみ感動に震える「ビジョンペップトーク」

ここまで、どんな言葉をかけると人が励まされやる気になるのかをお話ししてきました。最後にもう1つ、人がやる気になるコツを紹介します。

それは**「感動」**です。あなたはこれまでの人生の中で心が震えるような体験や感動をしたことはありますか？　きっと何度もあるのではないでしょうか。そのたびに気持ちや行動の変化が起こりませんでしたか？

私も自分自身の体験や誰かの体験を見たり聞いたりした時に、心が動かされることが数多くあります。

私は、ペップトークを日本に紹介した岩崎由純代表理事のペップトーク講演を初めて聴いた時、心が震え、感動しました。その講演を聴いたことが私もペップトークを普及したいと思った1つのきっかけになりました。

90分の講演の中で、とくに心が動いたのは「金のライン」というロサンゼルス・オリンピックでカルロス・ロペス選手が男子マラソンで優勝したお話です。そのストーリーの中では、当時、人にもっとありがとうを伝えたいと思ったのを覚えています。

その後、ペップトーク普及協会を立ち上げることになり、岩﨑代表理事とペップトーク全体の体系化を行っている時でした。

本番前の激励のショートスピーチをゴールに向かっていく相手にするペップトークだから「ゴールペップトーク」と名づけよう、普段から自分自身を励ますペップトークも大切だ、これは「セルフペップトーク」と名づけようと決めたのです。

そんな中、私はなぜかモヤモヤしていたのです。理由は岩﨑代表理事の講演を聴いていると、みんなが感動し励まされたりやる気になっている。これもペップトークと言えるのではないだろうかという疑問からでした。

話しているうちに、そこには**「ストーリーとメッセージ」**があることに気づきました。岩﨑代表理事にどんなことを意識して講演をしているか尋ねたところ、ストーリーを語る時、自分がその時、その場所にいる感覚を思い出し、それを聴衆も同じように、その時、その場所で起こっていることを一緒にイメージできるように話しているとのことでした。

「なるほど、スピーカーと聴衆が同じ映像を見ているように話すということ、つまり、ビジョンを共有している。ではこの感動のスピーチを**『ビジョンペップトーク』**と名づけよう」ということになったのです。

そして、すべての基本となるポジティ語をベースに、さまざまなペップトークが生まれました。

たった5秒で自分を励ます「セルフペップトーク」
たった1分で相手をやる気にさせる「ゴールペップトーク」
たった2分で聴衆の心をつかむ「ビジョンペップトーク」

ついに、ペップトークの体系が構築されたのです。

まさに「自分→家族→仲間→社会」と広がっていくインサイドアウトの順番通りに言葉がけも広がっていくのです。

リーダーとして感動のスピーチ＝ビジョンペップトークができ、メンバーはもちろん、異なるバックグラウンドの人が集まる場でも心に火をつけることができる。これがペップトーカーとしての最終段階です。

ビジョンペップトークが2分という時間にこだわっているのは、ストーリーをコンパクトにまとめるのに2分がちょうど良い長さであること、長いスピーチをする場合でも聴衆が適度に集中力を維持しながら話を聴くためには2分くらいで区切りを入れると良いとされているからです。

では実際に、どのようにビジョンペップトークをつくっていくかを順番に解説していきましょう。

❶メッセージとストーリーを選択する
❷脚本力：４つのステップでビジョンペップトークを組み立てる
❸表現力：聴衆が引き込まれる文章表現に言葉を磨き上げる
❹伝達力：聴衆がストーリーに引き込まれるように伝える

❶メッセージとストーリーを選択する

まずどんな場面で、誰に対してビジョンペップトークをするかを決めます。そして聴衆に伝えたいメッセージを決めます。

たとえば、感謝の気持ちを伝えよう、今自分ができるベストを尽くそう、人生をもっと楽しもうなどです。次に自分の経験の中でそのメッセージを伝えるのにピッタリのストーリーを選びます。

たとえば、今自分ができるベストを尽くそうとする、自分がその時できるベストを尽くして何かを乗り越えたり、感動したりしたことです。

私たちが感動した体験には多くの場合、そのことをきっかけに価値観の変化や行動の変化があるものです。それがメッセージにつながります。

もしかしたら最初はメッセージと言われてもなかなか思い浮かばないかもしれません。その場合は、とにかく自分が感動したり、心が揺さぶられた体験を選びましょう。その体験をもとにストーリーを組み立てて、あとからそのストーリーにふさわしいメッセージをつけても大丈夫です。

大切なのは、その時の自分の感動をありありと思い出せるかです。

❷脚本力：4つのステップでビジョンペップトークを組み立てる

次に、4つのステップに沿ってストーリーとメッセージを配置していきます。

①誘引（セットアップ）
②展開（トライ&エラー）
③感動（クライマックス）
④激励（ペップアップ）

ゴールペップトークの①受容、②承認、③行動、④激励にちょっと似ていますね。しかし、ここでは別ものと考えてください。

ストーリーは①〜③、メッセージは④に配置していきます。

①誘引（セットアップ）

聴衆の興味を引きつけ、聴きたいというモチベーションを上げます（つかみ）。状況や登場人物を設定し、聴衆をストーリーの現場に引き込んでいきます。

②展開（トライ&エラー）

主人公が困難な状況に陥りそれを克服しようともがき（トライ&エラー）、その中でとらえかたが変わり気づきを得るきっかけをつかみます。

③感動（クライマックス）

主人公は②で得た気づきをベースに軸が定まり、行動を重ねます。ついには困難を覆し期待を超える結末を迎えます（ギャップ）。この感動体験から主人公の人としての成長を描きます。

④激励（ペップアップ）

①〜③のストーリーにおける体験を通して、得られた価値観、行動指針をペップなメッセージとして聴衆に伝えます。

たとえば、私がよく講演でお話しするストーリーは、次の4つのステップで組み立てられています。

【ストーリー1】

メッセージ：今あるものでベストを尽くせ

ストーリー：寝たきりだった女性が新米理学療法士と出会い、もう一度メロンをつくることを決心し、2年のリハビリ後復帰した話

①誘引（セットアップ）

北海道で元気にメロンをつくっていたみちこさんは、原因不明の病気で5カ月間寝たきりを強いられた。寝返りもできないほどまったく動けなくなり、生きる希望を失った。

②展開（トライ&エラー）

医師も見放している中、たまたま代行でリハビリした新米理学療法士は「自分にできることは何か？　ベストを尽くしているのか？」と考え、治療とは別に毎日必死に体をさすり続けた。

③感動（クライマックス）

「もう一度メロンをつくりたいから、あの人と一緒にリハビリしたい！」。生きる希望を取り戻したみちこさんは努力を重ねた。そして2年のリハビリを乗り越え奇跡の退院。メロンを再びつくり始めた。

④**激励（ペップアップ）**

「今、自分ができることは何か？」を考え行動することで道は拓ける。今あるものでベストを尽くしてみませんか。

第1章で紹介した旗の台クラブのストーリーではこうなります。

【ストーリー2】

メッセージ：リーダーの言葉がチームをつくる

ストーリー：喧嘩ばかりで弱かった少年野球チームが、監督が言葉がけを変えることで大会で優勝するチームになった話

①**誘引（セットアップ）**

創部50年の伝統ある少年野球チーム「旗の台クラブ」。しかし、監督も子ども

たちもマイナスの言葉を使い、チームはなかなか強くなれないでいた。

②展開（トライ&エラー）

そんな中、監督はペップトークに出会う。コーチと相談して練習や試合中の言葉がけを変えた。「最高！　最幸!!　さぁいこう!!!」はチームの合言葉。最初は半信半疑だった周りの人たちも大会で勝ち進む子どもたちを見て徐々に変わっていった。

③感動（クライマックス）

１２４チームの強豪を勝ち上がってきた決勝戦。監督のペップトークで始まった試合は、延長戦の末サヨナラ勝ち。決勝打を打ったバッターへの応援は「野球を楽しもう」という前向きな言葉だった。

④激励（ペップアップ）

監督が言葉がけを変えたことによりチームが変わり成果を出した。リーダーのあなたの言葉がチームをつくる。

いかがでしょうか。まずはストーリーの骨組みを明確にしました。旗の台クラブのストーリーはもっと長いのですが、骨組みはこの4ステップです。

❸表現力：聴衆が引き込まれる文章表現に言葉を磨き上げる

おそらく❷の脚本力で紹介した2つのストーリーの骨組みだけ見ると、なるほどそういうことがあったんだ、すごいね、くらいの印象です。

そこで次のステップは、この骨組みに聴衆がその場にいるような臨場感を出すための文章表現を加えていきます。なぜその場にいるような臨場感を出す必要があるかというと、**「人は体験から学ぶ」**からです。

そう、私たちは良くも悪くも体験によって自分の行動のベースとなる思い込みや価値観を持ちます。

たとえば、ある人がすごくつらい体験をしているときに、友だちに助けてもらったとします。するとその人は「友だちとは自分を助けてくれる存在だ」という思い込みや、「友だちは大切にするべき」という価値観を持つようになります。

つまり、この体験により学習しているということです。逆に友だちに裏切られた体験を持つ人は、逆の思い込みや価値観を持つかもしれません。

ビジョンペップトークでは、ストーリーを通して、体験を語ることにより、同時に聴衆にもストーリーの主人公と同じ体験をしてもらったり、聴衆自身の似たような体験を思い出して再体験してもらいます。

その際、体験学習が起こり、やっぱり友だちは大切にしようとか、感謝の気持ちを伝えようという気持ちや行動の変化が起こるきっかけとなるのです。

人は頭で理解していてもなかなか行動できないことがあります。

たとえば、「運動は健康のためにとても大事」ということは、誰もが知っていることです。しかし、実際に健康のために運動をしている人は、それほど多くはありません。運動しない人に何回も「運動は大切だよ」と繰り返し言ってもなかなか運動しないのですが、運動をすることによってこんなに良いことが起こった、こんな逆境から救われたなどというストーリーを語り、ストーリーの主人公と同じ体験をしてもらうことにより、運動って大切だ、運動したいという気持ちになりやすくなります。

つまり、正論を押しつけ説得して頭で理解してもらうのではなく、ストーリーを使って心が揺さぶられ腑に落ちる状態で気持ちや行動の変化を起こすことができるのです。例えるならば、メッセージは苦い薬。そのままでは飲みづらい。しかし、ストーリーというオブラートに包んで飲み込むとメッセージもすっと入ってくるというイメージです。

さて話を戻して、表現力を高めていく工夫について見ていきます。基本的な方針は、次の２つのことに訴えます。

①「感覚」に訴える
②「論理」に訴える

①感覚に訴える

これは聴衆の五感に訴え、左脳を刺激する表現を使うということです。

ストーリーの印象的なシーンを切り出し、そのシーンを映像にできるくらい詳細な描写をします。その際、こんな質問をします。

・何が見える？　どう見える？（視覚）
・何が聞こえる？　どう聞こえる？（聴覚）
・何を感じる？　どう感じる？（体感覚）

たとえば、先ほどの【ストーリー1】の「今あるものでベストを尽くせ」の、②展開（トライ&エラー）の新米理学療法士が「自分にできることは何か？　ベストを尽くしているのか？」と思ったシーンの表現を感覚に訴えるように肉づけしていくとこうなります。

薄暗い（視覚）シーンとした（聴覚）病室の扉を開けると、やせ細った女性が横たわっていました。一瞬、ゾクッとした冷たい感じ（体感覚）が背中を走りました。

目で見える明るさ、耳で聞こえる静けさ、体で感じる感覚を加えることにより、臨場感がグッと増します。また、ただ冷たいではなく、「ゾクッとした」というオノマトペ（第2章参照）と呼ばれる感覚を表す言葉を使うのも効果的です。

②論理に訴える

これは信頼性を高める左脳を刺激する表現を使うということです。

・固有名詞を入れる
・数字を入れる
・セリフを入れる

「指示通り電気治療を30分だけ（数字）やって帰ろう」と思いましたが、よく見るとその女性は私の母と同じくらいの年でした。

「お母さんだったら、本当に治療だけして帰るだろうか？　自分はベストを尽くしていない！　今自分にできることは何だろう？」（セリフ）と自問自答しました。気づくと私はみちこさん（固有名詞）の体をさすっていたのです。

このような工夫をしながら表現力を高める言葉磨きをしていきます。

ここで注意すべきは表現力を高めようとたくさん言葉を加えると長くなるということです。2分という短い時間の中で臨場感あるストーリーとインパクトのあるメッセージを配置していくためには、言葉の断捨離も必要です。

2分間のスピーチはだいたい600字程度と言われています。実際のビジョンペップトークのシナリオはこのようになります。

【ストーリー1（598字）】

①誘引（セットアップ）

北海道でメロンをつくっていたみちこさんは、原因不明の病気で5カ月間寝たきりを強いられました。寝返りもできないほど衰弱し生きる希望を失っていたのです。

②展開（トライ&エラー）

「生きて家に帰るのは無理」と医師も見放す中、私は先輩の代行でリハビリをすることに。薄暗いシーンとした病室の扉を開けると、やせ細った女性が横たわっていました。一瞬、ゾクッとした冷たい感じが背中を走りました。「指示通り電気治療を30分だけやって帰ろう」と思いましたが、よく見るとその女性は私の母と同じくらいの年でした。

「お母さんだったら、本当に治療だけして帰るだろうか？ 自分はベストを尽くしていない！ 今自分にできることは何だろう？」と自問自答しました。気づくと私は、みちこさんの体をさすっていたのです。それは1週間続きました。

③感動（クライマックス）

すると奇跡が起こりました。

「もう一度メロンをつくりたいからあの人と一緒にリハビリしたい！」

みちこさんは涙ながらに訴えました。生きる希望を取り戻したみちこさんは努力を重ねました。半年後座ることができました。その半年後立つことができました。その半年後歩くことができました。そしてついに、2年のリハビリを乗り越え退院し、メロンを再びつくり始めたのです。

④激励（ペップアップ）

この奇跡は、体をさするという、その時に自分ができるベストを尽くしたことがきっかけでした。

「今自分ができることは何か?」を考え行動することで道は拓けます。今あるものでベストを尽くしてみませんか。

続いて旗の台クラブの話も2分でまとめるとこうなります。

【ストーリー2（600字）】

①誘引（セットアップ）

「旗の台クラブ」は創部50年の伝統ある少年野球チームです。しかし「やる気がないなら帰れ！」「何エラーしてるんだよ！」と指導者も子どもたちもネガティブな言葉を使い、チームはぎくしゃくしていました。

②展開（トライ&エラー）

そんな中、大矢敦監督は前向きな言葉がけペップトークに出会います。「ペップトークでチームを変えたい。子どもたちにもっと野球を楽しんでほしい」。そんな思いからコーチと相談し練習や試合中の言葉がけを変えました。

攻撃の前には「最高！　最幸!!　さぁいこう!!!」とチームの合言葉。エラーしても「大丈夫、次はしっかりボールを見よう」

最初は戸惑っていた子どもたちも徐々に自信をつけていきます。半信半疑だった周りの大人たちも勝ち続ける子どもたちを見て徐々に変わっていったのです。

③感動（クライマックス）
12月2日。関東の強豪124チームが出場する竹の子育成大会決勝。

「やればできるぞ！　最高！　最幸‼　さぁいこう‼!」

監督の渾身のペップトークで始まった試合は、延長戦までもつれる展開。サヨナラの場面で「野球を楽しもう」という前向きな言葉が選手の背中を押し、見事逆転勝利。優勝インタビューで「すごい応援でしたね。何か言葉がけを学んでいるんですか？」と聞かれた大矢監督は誇らしげに、「ペップトークです！」と答えたのでした。

④激励（ペップアップ）
監督が勇気を出して言葉がけを変えたことによりチームが変わり成果を出しました。

リーダーのあなたの言葉がチームをつくります。今日から言葉を変えてみませんか？

600字のビジョンペップトークはいかがだったでしょうか。

2分でストーリーとメッセージを伝えようと思うと、このくらいのボリュームになります。もっとたくさん描写したいシーンもあるのですが、ペップトーカーとしては言葉の断捨離を行い、シンプルに伝えることが大事です。

人には想像する力があるので、すべてを事細かに説明しなくても補ってくれます。大事なのはいかに共通のイメージを描くかです。

❹伝達力：聴衆がストーリーに引き込まれるように伝える

ここまでで脚本は完成しています。最後はいかに聴衆に伝えるかです。

聴衆に伝えるためには、もちろん声の大きさ・スピード・間・抑揚や姿勢・表情・身振り・手振りなども重要なのですが、ここでは細かいスキルを1つひとつ解説するよりも大きなコンセプトをお伝えしたいと思います。

そこには、スピーカーにとって大切なものがあります。

①スピーカーの世界観

②スピーカーのステイト

①スピーカーの世界観

スピーカーがどんな自分らしさを発揮し、どんな世界観をつくろうとしているかが大事だということです。スピーカーが持っているエネルギーや個性を大事にすると言ってもいいかもしれません。どんな人として聴衆の前に立つのか、その場をどんな空間にしたいのかと言ってもいいかもしれません。

たとえば、温かく包み込まれるような世界観、元気で魂に火がつくような世界観、それぞれの存在を尊重する世界観など……。

ちなみに私の場合は、「大人の部活」という世界観を大事にしていて、それぞれが昔部活をやっていた時のように、がむしゃらに今を楽しみ頑張っている大人が磨き合い、高め合うことを大切にする世界観です。

なので、聴衆は部活の仲間であり、伝わるメッセージは「目の前のことをベストを尽くしてやろう！」だったりします。

あなたにはあなたの世界観があります。それを見つけて大切にしていきましょう。

②スピーカーのステイト

ステイトとは「State of Mind」。つまり心の状態です。スピーチしている時、大切にしている世界観とは別に、どんな感情でいるかということも大事です。

今でこそ講演を生業としている私ですが、以前は講演に苦手意識を持っていました。なぜなら、講演は90分前後の比較的短い時間で、聴衆の心に響く感動を与えなければいけない、自分にはそこまでのネタも技術も経験もないと思っていました。

それまでの私は、講演の前「お客様はちゃんと聴いてくれるだろうか？」「退屈で寝てしまったりしないだろうか？」「スライドはちゃんと動くだろうか？」など、不安や心配という感情でいっぱいでした。

講演の前は常にド緊張。感動してもらえる話ができないと思っている私の講演は、きっと理論的な説明が多かったかもしれません。講演してもなかなかリピートで聴きたいという人もいませんでした。

しかしある時、スピーチで重要なのはスキルだけでなくステイトだと教えてもらったのです。スピーチしている時の感情にもっと目を向けてみようというものでした。

最高のステイトは「愛、自由、感謝、喜び」だと。それを感じながら話していますか？　と聞かれたのです。答えは当然ＮＯでした。そこで次の講演の前に自分のステイトを感謝と喜びの状態にしてみようと決めました。「準備も不十分かもしれないし、失敗するかもしれない……。でも今日ここに来て聴いてくれる人たちに感謝を伝えたいし、こうやって自分の話を聴いてもらえるチャンスがあるなんて本当にうれしいことだ」と開き直って講演をしたのです。

するとまったく同じスライドを使い、同じ話をしているにもかかわらず、いつもと反応が違うのです。泣いて笑って感動してくれていたのです。今度はうちにも講演に来てほしいと講演後に走って来てくれる人までいました。

私はその時、腑に落ちました。自分はそれまでやり方にこだわっていたけれど、大切なのはあり方だなと。

それからはビジョンペップトークとしてストーリーを語る時は、そのシーンを思い出しながら、自分の感情を噛み締めるように伝えるようにしていきました。スピーカーの感情の振れ幅が大きければ大きいほど、その波は聴衆の心も動かすようでした。感動とは、自分の心を動かすことで伝わるということもわかってきました。

リーダーとして、メンバーの気持ちを1つにまとめていったり、さまざまなバックグラウンドを持つ人が集まる場面で話をする機会はとても多いのではないでしょうか。

ぜひ、ビジョンペップトークで心を揺さぶるスピーチをしてみませんか？

実践事例

多くの人がPTAに参加するきっかけをつくった感動のビジョンペップトーク

庄司和孝さんはITに特化したファイナンス会社で本部長としてたくさんのメンバーをまとめるリーダーです。

庄司さんが3年前大阪に支店長として赴任した時のあいさつの第一声は、「私はみなさんを幸せにするためにここに来ました」でした。まさにペップトーカーの庄司さんは次々にメンバーの心をつかみ、一緒に成果を上げて活躍しています。

そんな庄司さんの10年ほど前のお話です。

息子さんの小学校でオヤジの会に誘われたことをきっかけに、地域やPTAに関わるようになり、最終的にはPTA会長まで務めました。PTAの活動はやりがいはあるものの、時間と労力がかかるので、敬遠するお父さん、お母さんも多い状況でした。なんとかPTAの活動に参加する人を増やしたいと思い、PTA総会で会長を交代するあいさつの際、自らの体験をもとに思いを込めてビジョンペップトークをしたのです。

そのビジョンペップトークは、次のようなものでした。

①誘引（セットアップ）

恩送りという言葉をご存じですか？

「息子が交通事故に遭ったの。死ぬかもしれない」

突然、職場に妻から電話がありました。病院に駆けつけると虫の息になった小1の息子が……。

「もっと遊んであげればよかった」と、後悔が頭をめぐりました。

②展開（トライ&エラー）

幸い一命はとりとめたものの、事故の衝撃で脳神経が寸断、記憶を失い、自分が誰かもわからなくなってしまったのです。言葉も話せず、まるで赤ん坊へ逆戻り。24時間付き添いが必要で、私はICUから通勤していました。

「このまま記憶が戻らないかも……」

そんな医師の言葉に葛藤の日々を過ごしていました。

そんなとき、息子のクラスメイトから思いを込めた文集や千羽鶴が届きました。

「みんな、待っているよ」の言葉に大変元気づけられました。

③感動（クライマックス）

必死で毎日文集を繰り返し読み聞かせしました。すると数日後、医師も驚く奇跡が起こったのです。

「お母さん……、お父さん……」

突然、脳のシナプスがつながり始め、一気に記憶と言葉を取り戻したのです。

その時の感動は今も忘れられません。そんな息子も今年中学生。大きな後遺症もなく野球を楽しんでいます。

④激励（ペップアップ）

当時お世話になった皆様に感謝の気持ちでいっぱいです。でも、直接恩返しできないこともあります。だからこそ私は、いただいた恩を次の人に送ろう、そんな気持ちで、４年間ＰＴＡに関わり精いっぱいの貢献をしてきました。

今日お集まりのみなさんも、ご自身ができる形でかまいません。ぜひ恩送りをしてみませんか？

庄司さんのビジョンペップトークは参加していたお父さん、お母さんの心を揺さぶりました。恩返しは、恩を受けた方に報いること。一方、恩送りは違う人に恩を送ること。この善の連鎖が、良い学校をつくるために必要ですと訴えたのです。

庄司さんの想いは届いたようでした。このスピーチの結果、ありがたいことに多くのお父さん、お母さんが積極的にＰＴＡの活動に参加してくれたのです。

おわりに

最後までお読みいただきありがとうございました。

いかがだったでしょうか？

このタイミングでぜひもう一度、第2章の「ペップトーカー度チェックリスト」をやってみてください。もうすでに点数が増えているかもしれません。まだそれほど変わっていなくても、明日からどんなことを意識して言葉を使っていけば良いかがきっとおわかりでしょう。

それはもうすでにペップトーカーとしての第一歩を歩み始めているということです。

実は半年前にペップトークのセミナーに参加してくれた人が、「参加する前は1点だったけれど、今はほぼ満点になりました」と教えてくれました。何が違うのかなと考えてみると、自分に自信がついて、自分自身が大好きになっていることが一番の変化です。日々自分が使う言葉と向き合うことで、一番変わるのは自分。あなたがペップトーカーになることで、あなたの周りの世界も変わっていくんですね。

私自身、かつては自分にも厳しく、相手のできていないところを指摘し追い詰める形でやる気を引き出そうとしていたプッペトーカーでした。自分が頑張っているから、周りもそれくらいできて当たり前という感覚でした。

当たり前が基準なので、できていないところに目がいき、なぜやらない、どうしてできないという言葉になっていました。中学校からの友だちに訊くと、私は昔から熱かったそうで、今思うと熱さというエネルギーをプッぺな言葉で使っていたのです。

しかしペップトークに出会い、私自身が大きく変わりました。最初は形から入って、「ピンチ→チャンス」ととらえかた変換したり、「〜するな→〜しよう」としてほしい変換したり、とにかくありがとうと言ってみたり……。

でもそうやって言葉を変えていくと、不思議なことに自分の周りの世界が変わってくるのです。プッペトーカーの時は、周りの人たちを落として自分を保っていたのが、ペップトーカーになってから相手も自分も高めていく感覚が出てきたのです。

自分が使っている言葉が変わることにより、自分自身が満たされているんだと思います。おそらくプッぺな言葉に居場所を求めていた自分が、ペップな言葉に心地よさを感じられるようになったのです。だから自分に自信が持て、自分のことを大好きになっていく……。

誤解を恐れず言えば、私も含め多くの日本人はプッペトーカー出身です（笑）。ある意味、今まではプッペトーカーであることが必要だったのかもしれません。でもモノの豊かさが満たされた今、これからは心の豊かさがよりいっそう大事な時代です。プッペトークでこれだけ頑張ってこられたということは、伸びしろがめちゃくちゃあるということです。


日本がペップトークでいっぱいになった世界を想像してみてください。家庭ではお父さん、お母さんが朝から子どもたちをペップし、子どもたちもお父さん、お母さんをペップしています。

学校では友だち同士がペップし、先生が生徒を、生徒が先生をペップしています。会社では上司が部下を、部下が上司をペップし、取引先に行ってもペップしています。スポーツの試合では自分のチームはもちろん相手チームにもペップしています。国会でもヤジや原因追及ではなく、政党を超えてペップしている。そうなったら今起こっているさまざまな問題が解決されるだけでなく、どれだけの活力が生み出されるでしょうか。

そして、ペップワールドは世界に広がっていくのです。

そんな思いでこの本を執筆させていただきました。前著『たった1分で相手をやる気にさせる話術 ペップトーク』では、主に4つのステップでのゴールペップトークについて述べ「ペップトークの核心部分」を切り出してお伝えしました。

2作目となるこの本では、現時点で日本ペップトーク普及協会が提供するペップトークのコンテンツをギュッと詰め込み、「ポジティ語」「セルフペップトーク」「ゴールペップトーク」「ビジョンペップトーク」というペップトークの全体像を示し、ペップトーカーになるための道のりを一緒に体験してきました。

ですので、この本を読んだあなたはもうすでにペップトーカーです。

今日から自信を持って、言葉の力であなたと周りの人の人生を色鮮やかにしていきましょう。

あなたならできる!

この本の制作に関して、監修を務めていただいた日本ペップトーク普及協会代表理事の岩﨑由純氏には協会設立当時から現在まで、そして今回の本につきましても多大なるご指導をいただきました。またペップトークをともに普及する講師仲間には熱い想いと応援をいただきました。

さらにペップトーク実践者の皆様にも貴重な体験談とそこからの学び、さらに実践者目線でのアドバイスとたくさんの激励をいただきました。フォレスト出版の稲川出版局次長には前作に引き続き、阿吽《あうん》の呼吸で制作を楽しく行うことができました。本当にありがとうございました。

最後に、やりたいことで生きていくといつも突っ走る私を、時に温かく見守り、時に励ましてくれる家族、両親に最高の愛と感謝を贈ります。

２０１９年2月吉日

浦上大輔

【動画で学ぶ、実践！ペップトーク】

この本をお読みいただき、ゴールペップトーク、ビジョンペップトークの組み立て方はご理解いただけたと思います。

さらに実際にはこのように伝えている、という実践動画をご覧いただけるようにしました。第1章の大矢監督の試合前の渾身のゴールペップトークや、私が旗の台クラブのストーリーを2分で語るビジョンペップトークなど、実際のペップトークを見ることができます。

今後もどんどん動画を増やしていきますので、ぜひ動画バージョンもご活用ください！

URL……http://frstp.jp/pepmovie

〈著者プロフィール〉

浦上大輔（うらかみ・だいすけ）

魂に火をつける講演家。一般財団法人日本ペップトーク普及協会専務理事。一般社団法人日本朝礼協会理事。

1969 年東京都生まれ。北海道大学で運動生理学 (健康体育科学修士)、理学療法学を学び、運動指導のスペシャリストとして、学校体育、リハビリ医療、高齢者介護の現場で活躍。Strechpole® の株式会社 LPN 代表取締役、一般財団法人日本コアコンディショニング協会理事長を経て、ペップトークの第一人者岩﨑由純氏と一般財団法人日本ペップトーク普及協会を設立。

人をやる気にさせるペップトークの講演・研修を企業、学校、医療・介護、行政、各種団体で行い全国を飛び回る。持ち前の発想力と巻き込み力で、朝礼の第一人者大嶋啓介氏とともにオンライン朝礼コミュニティーを全国に展開中。

著書に『たった１分で相手をやる気にさせる話術 ペップトーク』がある。

◆浦上大輔公式ホームページ
http://urakamidaisuke.com/

〈監修者プロフィール〉

岩﨑由純（いわさき・よしずみ）

日本ペップトーク普及協会代表理事。トレーナーズスクエア株式会社代表取締役社長。

1959 年山口県生まれ。日本体育大学体育学部卒業後、米国のシラキューズ大学大学院修士課程で「アスレティック・トレーニング」を専攻する。全米アスレティック・トレーナーズ協会 (NATA) 公認アスレティック・トレーナー (ATC)、日本体育協会公認アスレティック・トレーナー資格を持つ。ロサンゼルス五輪（1984 年）、バルセロナ五輪 (1992 年) に帯同トレーナーとして参加する。

全日本バレーボールチーム帯同トレーナー (1991 ～ 92 年) など、アスレティック・トレーナーズ機構 (FATO) 前副会長。一般財団法人日本ペップトーク普及協会代表理事、日本コアコンディショニング協会 (JCCA) 会長。

著書に『心に響くコミュニケーション ペップトーク』（中央経済社)、『スクール・ペップトーク』（学事出版）など多数。


〈一般財団法人日本ペップトーク普及協会〉


ペップトークの第一人者岩﨑由純が、アメリカのスポーツ現場で学んだ激励の言葉がけを普及することを目的に 2012 年に設立。共同創設者の浦上大輔を中心にペップトークの習得プログラムを開発。

現在は「言葉の力で日本を健康に！」をミッションに、学校・企業・スポーツ団体等を対象とした講演・研修や個人向けセミナーを行う。
100 人以上の講師が日々言葉を磨き、全国でペップトークを広めている。

◆詳細・講演・研修の依頼は http://www.peptalk.jp まで

ブックデザイン／竹内雄二
本文レイアウト・図版／白石知美（株式会社システムタンク）

実践！ ペップトーク

2019年 3 月 10 日　初版発行
2023年 12 月 8 日　3 刷発行

著　者　浦上大輔
監修者　岩崎由純
発行者　太田　宏
発行所　フォレスト出版株式会社
〒 162-0824 東京都新宿区揚場町 2-18　白宝ビル 7F
電話　03 - 5229 - 5750（営業）
03 - 5229 - 5757（編集）
URL　http://www.forestpub.co.jp

印刷・製本　萩原印刷株式会社

ISBN978-4-86680-024-0　Printed in Japan

FREE! 実践！ペップトーク読者無料プレゼント

「対談！ 現場アメリカで見た実践ペップトーク」

（音声ファイル）

最後までお読みいただきありがとうございます。
ペップトークが誕生した本場アメリカで、
日本人で初めて接した
日本ペップトーク普及協会代表理事・岩﨑由純氏が、
心揺さぶられるペップトークの
パワーや魅力について語ります。
聞き手は著者の浦上大輔氏。この師弟対談は、
現在100人以上いるペップ講師たちも
聴いたことのない初公開のものです。
ペップトーカーへの第一歩として、
ぜひともお聴きください。

▼ダウンロードはこちら

今すぐアクセス↓

http://frstp.jp/pep2

※無料プレゼントはWeb上で公開するものであり、小冊子、CD、DVDなどをお送りするものではありません。
※上記無料プレゼントのご提供は予告なく終了となる場合がございます。あらかじめご了承ください。